KB237639

Net Breaking

넷브레이킹

Net Breaking

넷브레이킹

·조일훈 지음·

다른 사람들은 어땠는지 모르지만 제 청춘은 참 무기력했습니다. 더 나쁜 건 냉소적이기까지 했다는 것입니다. 그다지 배울 것도 없는 대학에서 세월을 죽이고 있다는 생각에 하루라도 빨리 사회로 나가고 싶었습니다. 그렇다고 착실하게 무언가를 준비한 것도 아니었습니다. 계획을 세우고 로드맵을 만들었더라면 애초에 무기력했다는 표현을 쓰지 않았겠지요. 저는 그저 보잘 것 없는 재능과 운을 막연하게 믿고 있었던 모양입니다. 대책없이 낙천적인 기질이었지요.

사실 20대 초반의 학생이 보는 세상은 얼마나 단조로웠겠습니까? 김우중 전 대우 회장이 샐러리맨들의 신화로 부상하던 1980년대, 친구 한 녀석이 김우중을 만나야겠다고 철없이 떠들고 다니던 시절이기도 했습니다. 김 회장이 옥포조선소에서 먹고 잔다는 '첩보'를 입수해 부산행 기차에 무작정 동행했던 일도 떠오릅니다. 그 친구는 아마도 청년 이명박이 1965년 현대건설 입사를 위해 대담하게도 박정희 대통령에게 편지를 썼고, 그 일로 정주영 전 현대 회장 눈에 띄어 출세가도를 내달렸던 일을 떠올렸는지도 모르겠습니다. 세상이 다 알아주는 사람과의 담판, 그 인연으로 세상 속의 선민과 특권을 보장받는 일은 더할 나위 없이 멋진 꿈이었겠지요.

그렇게 천둥벌거숭이 같은 몸과 마음으로 세상에 뛰어들어 어느덧 17년을 보냈습니다. "직장생활만큼은 누구보다도 잘할 수 있다"는 턱 없던 자신감은 이미 사라진 지 오래입니다. 세상이 그렇게 간단치 않다는 것을 절감하면서 시간이 지날수록 마음속에 부려놓은 짐들이 늘어가고 있습니다. 학창시절 읽었어야 할 양서(良書)들 중 몇 권을 이제야 정독하면서 "왜 좀더 일찍 이런 책들을 읽지 않았던가"라는 자책도 해봅니다.

그때는 몰랐습니다. 세상 모든 일이 단 한번으로 사라진다는 사실을……. 나아가 단숨에 이룰 수 있는 것도 없다는 사실을 말입니다.

모든 것은 변해갑니다. 공기처럼 물결처럼 흘러가고 또 흘러갑니다. 완벽하게 되풀이되는 옛것은 없습니다. 만약에 그런 게 있다면 우리는 삶과 세계를 몇 개의 법칙으로 묶고, 그 안에 최적의 인생 모델을 도출해낼 수 있을 겁니다. 하지만 다행인지 불행인지 그런 건 세상에 없습니다.

그렇게 철이 들어서 어떤 결론을 내렸습니다. 산다는 것은, 인생은 세상과 소통하는 과정이라는 것입니다. 그래서 성취와 성공보다는 그 결과를 찾아나가는 시간과 과정에 의미를 둘 수밖에 없다는 겁니다. 처음엔 이런 사실을 받아들이기 힘들었습니다. 조급한 심사에 저급한 혈기가 끓었기 때문입니다. 하지만 나름대로 공들여 맛본 작은 성취감들이 금세 사라져가는 것을 느끼면서, 동시에 새로운 문제와 고민들이 찾아오는 것에 당혹해하면서 둔한 제 머리도 세상이 움직이는 원리에 수긍하지 않을 수 없었습니다.

물론 대부분의 독자 여러분들도 경험적으로 알고 계실 겁니다. 원하던 대학이나 직장에 들어갔을 때, 몇 년을 기울여 국가고시 같은 큰 시험에 떡 하니 합격했을 때, 처음엔 뛸 듯이 기쁘지만 의외로 그 여운은 오래가지 않습니다. 주변 사람들의 축하나 격려인사도 곧 시들해지고 맙니다. 물론 합격과 불합격의 차이는 'All or Nothing' 식의 희비를 가져다주는 경우도 있습니다. 하지만 길게 보면 항상 그런 것은 아니지요. 합격한 사람은 그저 하나의 문을 열어젖혔을 뿐이고, 그 문 너머의 세상에서 또 다른 문 앞에 서게 됩니다.

그럼 불합격한 사람은 어찌 되느냐고요? 간단합니다. 계속 문을 두드릴 것인가, 아니면 새로운 문을 찾아나설 것이냐의 선택을 해야 합니다. 뜻을 이루지 못했다고 비탄에 잠길 수도 있지만 긴 세월을 놓고 보면 우리는 늘 새로운 문 앞을 서성거려야 할 운명입니다. 게다가 하나의 문을 수월하게 통과했다고 나머지 문들까지 활짝 열리는 것은 아닙니다. 이러한 세상의 원리가 방황 많은 우리에겐 작은 위로가 됩니다.

그래서 완결된 성공이란 존재하지 않습니다. 성공을 음미하는 짧은 순간보다는 성공을 만들어나가는 긴 과정이 훨씬 더 미학적입니다. 세상은 끊임없이 변합니다. 우리가 관심을 보이는 대상(객체)들도 마찬가지입니다. 소통이 진정으로 중요한 이유는 단지 세상의 흐름을, 그 속에서 움직이고 있는 나의 포지션을 알기 위해서가 아닙니다. 소통을 거쳐야 세상을 구성하는 일에 참여할 수 있기 때문입니다. 세상을 만들어가는 주체는 바로 나와 당신, 우리 모두입니다. 얼핏 보면 내 의도와 관계없이, 남이 만들어놓은 세상 속에 던져져 있는 것 같지만, 사실은 그게 아닙니다. 작용과 반작용, 작위와 무위, 성공과 실패, 도전과 좌절 등 그 모든 것들이 소통하는 가운데 세상은 돌아갑니다.

1998년에 전대미문의 외환위기가 찾아왔고, 2008년엔 글로벌 경제 위기가 쓰나미처럼 몰려왔습니다. 그때마다 우리 모두는 길을 잃은 아이처럼 불안해하고 허둥댔습니다. 생존 여부가 경각에 달리면 침착하게 행동할 수가 없습니다. 평소에 숙지해뒀던 '위기시 행동수칙' 같은 것들도 파편처럼 뿔뿔이 흩어져 버립니다.

그러다가 거센 파도가 잦아들면 또 다른 후회가 밀려듭니다. "왜 그렇게 못나게 대응할 수밖에 없었던가"라는 자책부터 "다른 이들처럼 도전과 용기를 가졌더라면 좋았을 것을……." 하는 괴로움 어린 상념들이 찾아옵니다.

그렇습니다. 돌이켜보면 늘 길이 있었습니다. 새로운 길을 찾아낼 수 있는 기회와 방책이 있었습니다. 한치 앞도 안 보이는 칠흑 같은 어둠 속에서 어디선가 문을 두드리는 사람들이 있습니다. 그런 사람들이 잔잔해진 바다의 항해권을 쥐게 됩니다. 그런 힘들이 모여 우리 모두에게 또 다른 미래를 열어줍니다. 이것은 결코 거창한 얘기가 아닙니다. 우리의 일상과 상념 속에 늘 함께 있는 그 '무엇'입니다. 현미경으로 들여다본 인생의 편린들은 비루하기 짝이 없습니다. 주머니의 돈을 세며 이웃과 친지에게 닫아걸어야 할 인색의 무게를 저울질합니다. 때로는 사랑하는 사람들에게 상처를 주고, 스스로 더 아파할 때가 많습니다.

하지만 우리들의 인생은 현미경의 바깥에 존재해야 합니다. 렌즈로 포착할 수 없는 의지와 용기를 가져야 합니다. 혹여 결과가 나쁘면 어떻습니까. 어차피 딱 한번 초대받은 인생 아닙니까. 맘대로, 멋들어지게 한번 살아보는 것이지요.

제가 좋아하는 친구들은 대부분 사회에서 만난 사람들입니다. 어떤 이는 유복자로 태어나 지방대학을 나왔지만 대한민국 은행가에서 가장 중요한 일을 맡고 있습니다. 또 다른 이는 초년의 불우함을 견뎌냈던 절제와 지혜로 유수 기업의 전략을 조율하고 있습니다. 기자로서 이런 사람들과 교류를 하게 된 것은 분명 행운입니다. 역동적인 변화를 즐기며 새로운 문을 탐색해가는 인물들은 많은 이들에게 용기와 영감을 줍니다. 감히 시샘할 수 없는 감동을 가져다줍니다.

그렇게 제가 만나는 세상도 넓어졌습니다. 나름대로 눈뜨게 된 세계의 지평을 확인하면서 스스로 무척 대견하다는 생각도 합니다. 물론 이렇게 펼쳐놓은 글과 말들의 조합들 또한 저의 작은 인지구조를 확장해나가는 또 하나의 문에 불과할 수도 있습니다. 하지만 아직도 각자의 문 앞에서 어쩔 줄 몰라하는 많은 이들에게 알려주고 싶습니다. 지금 바로 눈앞의 문을 열어젖히라고 말입니다. 그 문 너머로 펼쳐질 세상을 믿고, 무엇보다도 그 세상 또한 자신을 필요로 한다는 신념을 갖고 힘껏 부딪쳐보라고 말입니다. 그것이 지난 1년간 이런 글들을 준비하고 써내려갔던 이유입니다.

눈을 뜨고 자신의 세계를 확장하십시오. 배우지 못했어도, 당장 먹고죽을 돈도 없다는 비명이 터져나와도, 지루하고 맥빠지는 일상에 지쳐 있더라도 딱 한 걸음만 더 다가서 보십시오. 그래야 '나의 확장'이 시작됩니다. 1m를 전진하면 10m가, 100m를 나아가면 100km 앞이 눈에 들어올 겁니다. 무한 확장의 신비, 인생의 기적은 그렇게 찾아올 겁니다.

조일훈 드림

단 한번에 이룰 수 있는 것은 없다

만유인력의 법칙을 발견한 아이작 뉴턴이 평생을 기울여 연구한 분야는 사실 연금술이었다. 그는 사과가 떨어지는 원리를 깨닫기 전까지 무려 25년 동안 가망 없는 연금술 연구에 매달렸다. 《종의 기원》을 저술한 찰스 다윈 역시 원래 지질학자였다. 그는 1831년부터 1836년까지 남아프리카를 탐험하면서 수천 페이지에 달하는 과학노트를 작성했지만 진화론에 관한 내용은 한 문장도 없었다. 그가 진화론에 눈을 돌리게 된 것은 어느 날 갑자기 "만약 지질이 바뀌고 있다면 동물들도 스스로 변화해야 하지 않을까"라는 의문을 가졌기 때문이다. 그 의문이 평범한 지질학자를 세기의 생물학자로 변신시킨 원동력이었다.

평생 동안 놀라운 창의성을 보여줬던 레오나르도 다 빈치도 하찮은 아이디어를 무수히 쏟아냈다. 그는 인류 역사상 최초의 비행기계 제작을 위해 수년 동안 날개를 연구했지만 공기의 흐름이 만들어내는 양력으로 비행기가 뜬다는 사실을 끝내 알아차리지 못했다. 셰익스피어와 피카소는 세기의 대작들을 만들어낸 천재들이었지만 그들 또한 우리가 알고 있는 작품들보다 몇 십 배나 더 조악한 작품들을 창작한 적이 있다.

국내에 손꼽히는 전문경영인인 임종욱 대한전선 부회장은 경복고-연세대 입학시험을 차례로 낙방한 데 이어 삼성 입사시험에서도 고배를 마셨다. 예민한 청춘의 고빗길에서 실패를 거듭했지만 그의 인생에 진정한 '좌절'은 없었다. 야간 상고를 나온 아픈 경력은 회사 경리과장직을 수행할 때 오히려 결정적인 도움을 줬고, 자신을 떨어뜨린 삼성의 관리시스템은 대한전선의 성장전략을 구현하는 데 벤치마킹 대상이 되었다. 항상 "힘을 갖고 일하고 싶었다"는 그는 30대 후반에 어금니가 내려앉을 정도로 회사생활에 헌신했다. 그런 열정과 집중력을 보여주지 못했다면 오늘날의 지위와 명예도 얻지 못했을 것이다.

또 삼성의 디지털TV 신화를 일군 주역인 윤부근 삼성전자 사장은 고등학교를 무려 5년이나 다닌 경력의 소유자다. 울릉도 출신의 윤 사장은 울릉수산고등학교에서 2년을 다니다가 다시 시험을 치러 대륜고에 진학했다. "반드시 대학을 가겠다"는 일념에 두어 살 어린 동생들과의 동학을 마다하지 않았던 것이다.

KT의 홈고객 부문을 맡고 있는 노태석 사장은 또 어떠한가. 가난과 결핍 때문에 고교 진학을 포기했던 그는 검정고시와 방송통신대학을 거쳐 국내 최대 통신그룹의 일각을 차지했다. 방송대 출신이라는 이유로 KAIST 최종 면접에서 탈락하는 아픔을 겪기도 했지만 재수 끝에 기어이 석사와 박사학위를 마친 입지전적인 인물이다.

지금 이 순간, 뛰어난 두뇌와 선천적인 재능을 갖고 있지 않다고 한탄하는 이들이 반드시 새겨둬야 할 대목들이다. 이 세상에 한번에, 손쉽게 이룰 수 있는 일은 아무것도 없다.

문제는 저절로 소멸되지 않는다

우연히, 의도하지 않았는데 극적으로 찾아오는 성공은 없다. 만약 그런 게 있다면 우리 인생은 얼마나 맥빠지는 것인가. 혹자들은 수십, 수백억 원의 로또 당첨이나 "어느 날 자고 일어났더니 스타가 돼 있더라"는 식의 스토리를 떠올릴지도 모르겠다. 하지만 로또가 행운의 상징임에는 틀림없지만 인생까지 근본적으로 바꿔주지는 못한다. 우리는 오히려 복권 당첨자들이 갑자기 들이닥친 거금에 들떠 스스로를 관리하는 데 실패하고 말았다는 스토리에 더 익숙하다. 가족과 친구를 잃고 결국에는 끝까지 자신을 지탱해줄 것으로 알았던 돈까지 날려 버렸다는…….

수많은 벼락스타의 추락은 또 얼마나 자주 목격하는 일인가. 혜성처럼 나타났다가 소리소문 없이 사라져 버리는, 그 덧없는 명멸은 지금 이 순간에도 계속되고 있다. 척박한 토양과 거센 비바람을 견디며 자라지 않은 열매는 그 생명도 짧은 법이다.

물론 바닥에서 일어나 성공의 정상까지 치고 올라간 사람들이라고 해서 그 과실을 연년세세 즐길 수는 없다. 분명히 남들과 다른 준비 기간과 역량 축적을 거쳤겠지만 한때의 성공이 다음번에도 이어진다는 보장은 어디에도 없다. 성공은 절대적인 잣대로 평가할 수도 있지만 때로는 상대적이다. '남의 행복은 나의 불행'이라는, 결코 웃을 수만은 없는 농담이 살벌한 현대 경쟁사회의 한 단면을 보여주는 것이라면 '오늘의 작은 기쁨은 내일의 큰 슬픔'이라는 경구는 도도하면서도 무심하게 흘러가는 시간 속에서 인간이 몸부림치며 꿈꾸는 미래가 얼마나 불확실한가를 잘 보여주고 있는 것이다.

그래서 성공의 공식을 추출하는 것은 복잡하고 골치 아픈 정도를 넘어 거의 불가능하기까지 하다. 성공한 사람들의 스토리를 들어보면 누군가는 고개를 끄덕거릴 수 있으나 정작 자신이 만들어가야 할 스토리에 대해선 소재 빈곤에 시나리오도 엉망이다. 성공에 이르는 룰이 끊임없이 변하고 있는데도 과거에 품었던 생각과 로드맵을 수정하지도 않는다.

하지만 누가 뭐래도 부인할 수 없는 성공의 조건은 있다. 바로 문제해결 능력이다. 개인이든 소조직이든, 아니면 더 큰 기업이나 국가든 이 능력을 갖추지 않고서는 결코 앞으로 나아갈 수 없다. '발전'과 '퇴보'는 문제해결 능력의 유무로 판가름 난다.

그렇다면 무엇이 '문제'인가. 발전과 진보를 가로막는 걸림돌, 새로운 도전과 기회를 차단하는 방해물이 우리 앞에 놓여 있는 문제이다. 문제의 특성은 저절로 소멸되지 않는다는 것. 문제는 항상 인간(조직)의 의지와 역량을 시험한다. 잠깐의 노력이나 요행으론 결코 길을 터주지 않는다. 만약 그렇게 해소되는 문제라면 그 해결의 가치 또한 작을 수밖에 없다.

참으로 막막한 얘기지만 문제해결 능력을 키우기 위해선 많은 공부와 전략이 필요하다. 먼저 세상을 알아야 한다. 세상이 어디로 흘러가는지, 미래가 어떤 모습으로 다가올지에 대한 진지한 탐색과 연구가 선행돼야 한다. 개인(조직)의 내적 역량을 점검하는 것은 그 다음의 일이다. 현대사회는 믿을 수 없을 정도로 빠르게 변하고 있고, 변화의 폭과 양상 역시 유례없이 크고 넓다.

우리는 이 얘기를 1장 ‘당신이 모르는 세상’과 2장 ‘나부터, 지금 부터, 작은 것부터’ 편에서 만나게 될 것이다.

세상 공부에 대한 중요성을 인식하게 된다면 그 다음은 전략이다. 바로 생존과 발전에 대한 전략이다. 자신을 둘러싼 외부 환경의 변화, 미래의 흐름을 어느 정도 인식하게 된다면 문제를 해결할 수 있는 시간적·공간적·물리적 변곡점을 포착해낼 가능성이 높다. 무슨 말이냐 하면 처음엔 막막하기만 했던 시나리오와 로드맵을 어느 정도 체계적으로 짤 수 있다는 얘기다.

바로 이 과정에 필요한 것이 창의성(상상력)과 실행 능력이다. 창의성은 문제해결을 위한 수많은 아이디어를 기반으로 해서 창출된다. 한 가지 명심할 점은 아이디어는 기껏해야 창의성의 일부라는 것. 우리는 아이디어가 훌륭하다고 도스토예프스키의 소설이나 베르디의 오페라, 아르마니나 프라다의 디자인을 흠모하는 것이 아니다. 좋은 작품을 만들기 위해 수십만 마디의 단어를 적거나, 캔버스에 수백만 번의 붓질을 하는 일련의 방대한 행위를 아이디어만으로 설명할 수는 없는 일이다.

이런 측면에서 아이디어 창출과 실행은 전혀 다른 문제다. 아이디어가 좋다고 실행 능력까지 좋다고 할 수는 없는 일이다. 또 아이디어를 창출하는 사람이 아이디어를 실행하는 사람보다 더 뛰어나다고 여겨서도 안 된다. 각본이 형편없어도 연출을 잘할 경우, 광고가 형편없어도 제작을 잘할 경우, 잡지 기사가 부실해도 디자인과 삽화를 멋지게 창작하면 본래 아이디어가 실제보다 훨씬 좋아 보인다.

그런데 그 반대의 경우는 그렇지 않다. 셰익스피어와 다 빈치가 역사에 이름을 올린 이유는 몇몇 연구와 창작활동이 실행 단계에서 성공을 거뒀기 때문이다. 결국 실행이 뒷받침되지 않는다면 문제해결을 위한 아이디어는 공염불에 불과할 뿐이다.

우리는 이 얘기를 3장 '창의성의 비밀'과 4장 '빠꼼이와 또라이' 편에서 자세히 살펴볼 것이다.

문제해결 경험을 축적한 개인과 그렇지 못한 이들의 역량 차이는 시간이 갈수록 벌어진다. 한두 차례의 문제해결로 만사형통을 이룰 수는 없다. 하나의 문제를 해결한 사람에겐 또 다른 문제가 주어지는데, 대개 앞서의 문제보다 난해하고 힘겨운 것들이다. 과거에 해결한 문제와 '동급'의 문제들은 그 해결방식이 이미 학습돼 있기 때문에 '새로운' 문제로 인식될 수 없다. 이런 이치로 문제해결 경험이 쌓이는 횟수에 비례해 새로운 문제를 해결할 수 있는 능력도 커질 수밖에 없다.

우리가 신문지상에서 흔히 보는 '자동차 판매왕', '보험 판매왕'의 스토리 역시 이러한 역량 축적 과정이 담겨 있다. 한 달에 고작 한 대를 팔던 자동차 영업사원이 어느 달에 갑자기 100대를 팔 수는 없는 일이다. 10대의 실적을 올리는 데 필요한 문제해결 능력과 50대를 파는 데 요구되는 능력은 다를 수밖에 없다. 만약 같거나 엇비슷하다면 영업맨들의 실적은 그저 우연이나 요행에 따라 춤추게 될 게 분명하다.

조직이나 기업은 바로 이런 개인 역량의 총화다. 개인은 때로는 조직 속의 나약한 개체에 머물기 십상이지만, 문제해결 능력을 배양한 개인은 조직의 네트워크를 무서운 기세로 뒤흔들고 점령한다. 거기에 다른 구성원들의 공감과 공명이 이뤄지고 개인적 차원의 실행 역량이 네트워크 전반으로 확산되는 순간, 마침내 그 조직의 경쟁력도 비상하게 된다. 역사적으로 조직-기업-국가 간 힘의 역전이 일어났던 것도 이 같은 개인과 조직의 역동성 때문이다.

우리는 이 드라마틱한 스토리를 5장 '뒤집는 게임을 하라'와 6장 '불멸의 꿈'에서 만나게 될 것이다.

Net Breaking

1장

당신이 모르는 세상

"세상이 당신에게 준 것보다 더 많이 세상에게 주어라."
− 헨리 포드

독자들에게 던지는 질문 하나. 다음 여섯 가지는 무엇을 위한 것일까?

①2진법 ②19세기 초 찰스 베비지의 계산기계 ③1890년 인구통계용 펀치카드 ④1906년 발명된 삼극진공관 ⑤1910년 버트란드 러셀이 내놓은 상징적 논리규칙 ⑥1918년 개발된 고사포 프로그램

정답을 밝히기 전에 우리는 지금 우리 앞에 벌어지고 있는 일들에 대해 인식을 공유할 필요가 있다. 바로 2008년 지구촌을 강타한 글로벌 경제위기에 따른 불안감이다. 상황이 호전되고 있다지만 변화의 불확실성은 숨이 막힐 정도로 자욱하기만 하다. 하긴 돌이켜보면 앞날이 확실하게 보였던 적도 한번도 없었다. 도대체 하루라도 편안하게 미래를 예측한 적이 있었단 말인가.

호황이 오면 언제 불황이 닥칠지 몰라 불안하고, 불황기에는 그 끝을 종잡을 수 없어 노심초사하는 것이 현대인의 숙명이다. 그래서 우리는 늘 경계선에 서 있다. 소비를 할 것이냐 저축을 할 것이냐, 투자를 할 것이냐 원가를 줄일 것이냐. 이 갈림길은 늘 안개 속의 장애물이 되어 우리를 막고 서 있다.

새로운 세계가
열리고 있다

▌넷브레이킹에 눈을 떠라

빛은 암흑을 먹고 자란다. 르네상스시대는 암울한 중세를 견뎌내고 탄생했다. 미국과 프랑스의 산업혁명은 각각 핏빛 붉은 독립전쟁과 대혁명을 거쳐서야 도래했다. 한 세대를 풍미한 일본의 경소단박(輕小短薄)은 또 어떠했던가. 전 세계를 전율과 공포로 몰아넣었던 오일쇼크 이후 찾아낸 회심의 전략이었다. 한국의 산업화의 성공은 6.25 전쟁이라는 비극을 겪은 후 이루어졌고 민주화는 6월항쟁을 겪고 나서야 완성되었다.

역사는 위기를 두려워하지 말 것을 가르치고 있다. 돌이켜보면 모든 위기가 그랬다. 1930년대 전세계를 암흑으로 몰아넣은 미국의 대공황은 10여 년 뒤 미국을 세계 최고의 제조업 국가로 만들어주었다. 대공황이라는 아픔이 없었다면 미국은 오늘날의 초강대국이 되지 못했을지도 모른다. 독일은 2차대전을 일으켜 유럽을 손아귀에 넣으려 했으나 그 야욕은 산산조각이 났고 국토는 완전히 폐허가 되었다. 그러나 그들은 패전의 아픔을 딛고 '라인강의 기적'을 일으켜 1950년대 연평균 7%의 고도성장을 구현하며 유럽 최고의 공업국가로 발돋움했다. 이 같은 반전과 역전의 양상은 국가에만 나타나는 것이 아니다. 개인과 기업의 영역에서도 마찬가지다. 《해리 포터》의 히로인 조앤 롤링은 과거 글을 쓰기 위해 스코틀랜드 해변의 허름한 찻집들을 하루 종일 전전했던 미혼모였다. 애플의 최고경영자 스티브 잡스는 25년 전 CEO 자리에서 쫓겨나는 아픔을 겪은 뒤 아이폰 아이패드의 신화를 창조했다. 강덕수 STX그룹 회장, 영화 〈해운대〉를 만든 윤제균 감독 같은 이들도 과거 이름 없는 샐러리맨으로 살다가 천금같이 찾아온 성공의 기회를 낚아챈 인물들이다.

20세기 초 자동전화교환기 개발을 회사에 건의해 AT&T를 일약 세계 최고의 통신회사로 끌어올린 젊은 통계학자, 엄격한 신분제의 제약을 딛고 조선 최고의 과학자가 된 장영실, 세계 최초로 PDP(플라즈마 디스플레이패널)을 개발한 후지쯔의 연구원 시노다 츠타에, 평생을 연금술 연구에 매달리다가 어느 순간 만유인력의 법칙을 발견한 아이작 뉴턴, 인문계 출신으로 거대기업 삼성전자의 최고경영자에 오른 최지성 사장 등은 또 어떠한가.

우리는 이들을 대표적인 '넷브레이커(Net Breaker)'로 명명할 수 있다. 섣부른 의지나 욕망의 발현을 일거수일투족 감시하고 규제하는 그물망(Net)을 깨부숨으로써(Breaking) 자신뿐만 아니라 몸담고 있는 조직과 공동체까지 새로운 지평의 세상으로 끌고가는 데 성공한 인물들이다. 그들은 도무지 꿈쩍할 것 같지 않던 네트워크의 한계를 뛰어넘어 아무도 도달하지 못했던 새로운 네트워크를 창조했다.

왜 굳이 네트워크라는 단어를 사용하는지 의아해하는 독자들이 있다면 간략하게나마 우리가 살고 있는 세상의 구조를 살펴볼 필요가 있다. 개인 하나 하나는 티끌같이 가볍고 하찮은 점(nod)으로 존재한다. 생로병사의 유한한 실존적 존재로서 말이다. 하지만 점과 점이 연결돼 선(link)이 되는 순간, 점은 더 이상 단독으로 존재하지 않는다. 개인의 고독한 실존은 다른 개인(점)과의 관계를 통해 상호작용이라는 에너지를 얻고 점의 역량을 능가하는 시너지를 창출한다. 링크는 가깝게는 혈연, 멀게는 사이버 세상과 같은 무한한 공간에서 무수히 생겨나고 소멸된다. 의도했든, 의도하지 않았든 인간은 어차피 누군가를 만나고 관계를 맺도록 돼 있다.

네트워크 세상은 이 같은 링크의 수많은 조합으로 이뤄져 있다. 링크가 선(線)이라면 네트워크는 면(面)의 개념이다. 공간에 펼쳐놓은 수많은 선들이 그려내는 궤적, 마치 촘촘한 거미줄처럼 복잡하게 연결돼 있는 구조가 바로 네트워크다. 혈연의 링크를 펼쳐놓은 것이 가족이고, 직장 상사 부하와 동료 간의 링크들을 수많은 부서 단위로 면 속에 그려놓고 전체의 링크를 연결하면 회사라는 네크워크가 되는 것이다.

여러분은 미국의 버락 오바마 대통령이나 아프리카의 이름 없는 소녀와 연결되려면 얼마나 많은 단계를 거쳐야 하는지 아는가. 놀랍게도 4~6단계면 충분하다. 네트워크 속에 펼쳐져 있는 무수한 링크와 노드

들이 작동을 하기 때문이다. 노드와 노드 간 스피드, 링크와 링크를 잇
는 긴밀성이 강하면 강할수록 연결 속도가 빨라지고 단계는 줄어든다.

여기서 중요한 점은 누가 누구를 얼마나 빨리 알아야하느냐가 아니
다. 네트워크가 이런 구조 속에서 기능하고 있다는 사실을 알아야 한
다는 점이다. 네크워크 세상에선 모든 노드가 서로 연결된다. 중앙과
주변이 구분되지 않으며 누구의 지시나 통제도 없다. 지금 당장 여러
분의 커뮤니케이션을 지배하고 있는 인터넷 네트워크를 보라. 정보는
모든 노드에 분산돼 있고, 우리는 필요할 경우 언제든 그 노드를 이용
할 수 있다.

▌불균형을 즐겨라

문제는 이 네트워크의 속성이다. 네트워크는 개인의 의지와 욕망을 옥
죄는 그물이기도 하지만 늘 새로운 변화를 잉태하고 있는 가변의 공간
이기도 하다. 지금 우리가 마주하고 있는 네트워크는 결코 영속적인
것이 아니다. 누군가에 의해 부서지고 누군가에 의해 새로 만들어진
다. 새로운 노드가 모여 새로운 링크들이 만들어질 때 기존 네트워크
는 존폐의 기로에 서거나 자가 치유의 길을 걸을 수밖에 없다. 민중봉
기나 민주화운동에 따른 사회적 변혁이 대표적인 사례들이다.

더욱이 예기치 않았던 외부 에너지까지 유입되면 네트워크의 안정
성은 더욱 크게 흔들릴 수밖에 없다. 산업혁명이나 정보화혁명이 인류
삶의 질을 뿌리째 흔들어놓은 것은 근-현대 네트워크의 역동성을 여

실히 보여주고 있다. 증기기관의 발명이라는 외부에너지는 인간사회 불변의 네트워크처럼 여겨졌던 시간과 거리 비용을 획기적으로 줄여놓았다. 또 자동차의 대중화는 사회 전반의 라이프 스타일을 송두리째 바꿔놓았다. 노벨의 다이너마이트 발명이 현대 무기체계와 전쟁기술에, 나아가 국제 역학관계에 얼마나 지대한 영향을 미쳤는지를 알게 되면, 노벨 자신도 깜짝 놀랄 것이다.

노드의 작은 변화는 무수한 링크들이 펼쳐져 있는 네트워크를 타고 무한 증폭하며 네트워크를 흔들고 파괴한다. 이것이 웹브라우저라는 인터넷기술을 타고 광폭 질주를 거듭하고 있는 것이 현대사회다.

역사적으로 사회적인 큰 변화나 경제위기 같은 것들은 바로 네트워크 속의 균형이 갑작스러우면서도 빠르게 무너질 때 발생했다 .위기 뒤의 새로운 질서 역시 네트워크의 불균형을 해소하고 새로운 균형점을 찾아가는 과정을 통해 도래했다.

따라서 사전적 의미로 '그물 파괴'라는 뜻을 갖고 있는 '넷브레이킹'은 자신을 포획하고 있는 세상의 단단한 그물망을 찢어낼 때만이 변화의 주역으로 살아갈 수 있다는 뜻을 담고 있다. 자신이 부수지 않는다면 남들이 부수는 게 네트워크 세상이다. 그렇게 찾아오는 변화를 무작정 쫓아가다보면 우리의 삶은 늘 피동적이고 방어적이 되기 십상이다.

스스로 나서야 한다. '내가 어떻게 감히……'라며 주저앉는 순간 우리에게 손을 내밀었던 네트워크 속의 기회는 쏜살같이 다른 노드와 링크로 옮겨가버린다.

빛의 속도에 비견될 정도로 급격한 변화가 일어나는 현실 속에서 우리 모두는 앞날을 두려워하고 때로는 절망한다. 하지만 기회와 위기, 변화와 도전이 공존하는 네트워크의 비밀 코드를 읽어낸다면 어떤 두려움도 이겨낼 수 있다.

▌어딘가에 반드시 길이 있다

그렇다면 과연 우리는 어떻게 살아남을 것인가? 위기 후에 찾아오는 새로운 패러다임을 어떻게 맞이할 것인가?

이제 개인과 기업들은 새로운 세계가 시작되고 있다는 사실을 잊어서는 안 된다. 당연히 새로운 방식으로 생각하고 일해야 한다. 외과수술이나 비행술처럼 이미 효과와 안전성이 검증된 기술을 모두 폐기하고 수익을 창출하는 경영기법을 엉뚱하게 바꾸라는 게 아니다. 지금까지 잘 견뎌온 당신 인생의 로드맵이 형편없이 낡았다고 질타하는 것도 아니며 무조건 급진적 혁신만을 하라는 것도 아니다. 어딘가에 새로운 길이 있다는 확신을 갖고 눈에 불을 켜라는 얘기다.

이제 서두에서 던진 문제의 정답을 얘기할 때가 됐다. 바로 컴퓨터다. 앞서 열거한 여섯 가지 지식과 기술은 1918년에 이미 존재하고 있었지만 정작 첫 컴퓨터(디지털컴퓨터)가 나온 해는 1946년이다.

놀랍지 않은가. 인류 문명을 바꾼 컴퓨터 제조비법이 30년 가까이나 사장돼 있었다니……. 물론 하나의 제품이 탄생하기 위해서는 상업성과 시장성이 뒷받침돼야 한다는 사실은 인정해야 한다. 사람들이 그것을 받아들일 준비와 자세가 되어 있어야 한다. 1930년대에 컴퓨터가 나왔다 해도 사람들은 그것에 주의를 기울이지 않았을 것이다. 즉 너무 빨리 나왔었을 수도 있다. 그러나 30년이나 묵혀 있었다는 사실은 참으로 의아스럽다.

컴퓨터의 출현에 얽힌 사연을 알게 되는 순간, 지금 우리가 살고 있는 세상에 얼마나 많은 기회가 숨어 있는지를 깨닫게 된다. 앞으로 30년 후에 모든 인류가 사용하게 될 제품이 지금 어딘가에서 손길을 기다리고 있는지도 모른다. 그것이 무엇인지는 아직 아무도 모른다. 폭주하는 세상의 변화를 인간의 작은 두뇌로 읽어낸다는 것이 얼마나 어려운지를 절감하는 대목이다. 하지만 어려움을 확인하는 것으로 끝나서는 안 된다. 눈을 부릅뜨고 기회를 찾아야 한다.

과연 세상은 어떻게 변하고 있는 걸까. 바로 지금 이 순간, 주변을 찬찬히 돌아보자. 현대문명의 네트워크를 따라 어떤 기회의 길이 열리고 있는지에 촉각을 곤두세워보자. 어딘가에는 반드시 길이 있고 누군가는 그 길을 찾아낼 게다.

타이피스트들은
다 어디로 갔을까

▌ 전율과 긴장의 세상

영화 〈라이언일병 구하기〉, 〈쉰들러 리스트〉, 〈작전명 발키리〉에는 공통된 장면이 나온다. '전쟁의 참혹한 모습'이라고 말한다면 너무 상투적이고 주의력이 떨어지는 대답이다. 이 세 영화에는 불과 10여 년 전에 전세계의 모든 기업에서 볼 수 있었던 장면이 나온다. 이 글의 제목에 힌트가 나왔다시피 '타이피스트'이다.

세 영화에는 수없이 많은 여성들이 작은 책상 위에 똑같은 타자기를 놓고 부지런히 타이핑을 하는 모습이 나온다. 그녀들의 자판 내려치는 소리가 타타타타 마치 총 쏘는 소리처럼 들린다. 〈라이언일병 구하기〉에서는 사망자 리스트를 작성하는 타이피스트들이 등장하고 〈작전명 발키리〉에서는 사령부에서 내리는 명령과 전선 여기저기에서 올라오는 보고들을 타이핑하는 여성들이 나온다. 〈쉰들러 리스트〉에는 주인공 쉰들러가 여비서를 채용하기 위해 면접을 보는 장면이 나오는데 그녀들은 주인공 앞에서 다양한 모습으로 타이핑을 한다.

여사원들이 타이핑을 하는 모습은 1990년대 초반까지만 해도 회사에서 가장 많이 보았던 모습이었다(바뀐 것이 있다면 수동타자기가 전동타자기로 변모했다는 것뿐이었다). 그때 남성들은 특별한 경우를 제외하고는 타자를 치지 않았다.

하지만 이제 타이핑만을 하는 여성은 그 어느 곳에도 없다. 그렇다면 그 많은 타이피스트들은 다 어디로 갔을까? 20여 년 전, 종로에는 타자학원들이 즐비했다. 신문에 타자학원 광고가 나오기도 했다. 그 학원들은 역사의 뒤안길로 사라졌고, 타자기를 만들던 회사들 역시 우리의 기억 저편으로 사라졌다. 그 회사들은 지금 어떻게 됐을까?

타자기를 만들던 회사들은 오랫동안 기업의 필수품이었던 사무기기가 그렇게 짧은 시간에 뒷전으로 밀려나리라고는 생각지 못했을 것이다.

▌나의 미래는 타인의 미래와 연결돼 있다

이런 일은 우리 주변에 부지기수로 많다. 앞으로는 더 많이 생길 것이다. 타자기를 만들던 회사, 타자를 가르치던 학원들은 어느 날 갑자기 암흑 속에 갇힌 꼴이 되어버렸다. 캄캄한 어둠 속에 갇히고 나면 아무

것도 보이지 않는다. 아무 생각도 나지 않는다. 하지만 누군가는 헤치고 나아간다. 미래에 대한 두려움을 가득 안고서라도 길을 뚫는다. 혼돈이라는 괴물은 극복 불가능한 것이 아니다. 문제는 속도다. 혼란의 소용돌이에서 남들보다 한발 앞서 나가기는 무척 어렵다. 한 발짝은커녕 반 발짝도 힘들다.

발을 내딛으려면 길이 보여야 한다. 앞날을 예측할 수 있어야 한다. 그렇다면 미래는 어떻게 다가올까? 당신의 미래는 당신만의 것이 아니다. 우리의 미래는 모든 사람의 미래와 연결돼 있다. 미래는 긴밀하게 연결돼 있는 사회시스템의 변화로 다가온다. 이른바 시스템적 사고를 훈련하기 시작하면 캄캄한 암흑 속에서도 한 줄기 빛을 찾아낼 수 있다. 최소한 그 가능성이 높아진다.

예를 들어보자. 기술경쟁은 당신의 미래, 우리의 미래에 어느 정도 영향을 미칠까? 디지털카메라의 출현이 필름공장, 화학공장, 사진관, 현상업체 등에 궤멸적 타격을 입힌 것은 주지의 사실이다. 한때 목 좋은 곳에서 특수를 누리던 사진관 주인에겐 지극히 유감스러운 일이지만, 그는 언론에서 떠들어대던 디지털기술의 발전 속도를 자신의 미래와 연결시킬 수 있는 상상력을 갖고 있었어야 했다. 타자학원의 사장들은 개인용컴퓨터를 보는 순간 미래 기업의 모습을 상상했어야 했다.

컴퓨터의 등장은 우리 생활을 어떻게 바꿔놓았을까? 수백, 수천 편의 박사논문을 쓸 수 있을 정도로 폭넓은 변화를 몰고 왔다. 그중에 한 가지만 살펴보자. 지금 당신의 직장 내부를 들여다보라. 업무 처리방식과 속도가 엄청나게 달라졌을 것이다. 가장 먼저 눈에 띄는 것은 여성들의 역할이 변했다는 점이다.

앞에서도 말했듯이 우리 주변에서 여성 타이피스트들이 사라졌다. 남녀노소를 막론하고 모든 사람들이 직접 컴퓨터로 타이핑을 한다. 중역이나 임원, 심지어는 사장들도 그렇다. 직접 기안을 하고 이메일을 보낸다. 비서나 여직원을 시켜 타이핑을 하는 중역들은 복잡다단하고 변화무쌍한 업무 프로세스를 따라잡기 어렵게 됐다. 타자기가 컴퓨터로 대체되면서 여성들은 남성들과 똑같이 컴퓨터 앞에 앉게 됐다. 이 같은 변화는 결코 페미니즘의 확산이 가져다준 결과가 아니다. 페미니즘과 전혀 관계없는 기술의 발전일 뿐이다. 기업들은 결코 여권신장을 이유로 여성을 고용하지 않는다(기업은 회사의 발전과 이익을 내다보고 여성을 채용한다. 이 명제를 잊는 사람들이 간혹 있다).

규모의 확대에 따른 새로운 인력의 필요성, 단순노동보다는 소프트웨어와 콘텐츠의 생산-가공-응용이 중요해진 경쟁 환경 등이 작용했다고 봐야 한다. 과거 기업인들은 과연 컴퓨터의 등장이 여성들의 삶에(나아가 모든 사람들의 삶에) 이 같은 변화를 가져다줄 것이라고 예상할 수 있었을까. 아마 많지 않았을 게다. 기업인뿐만 아니라 그 누구도 컴퓨터가 2000년대의 삶의 스타일을 이렇게 바꾸리라고 예측하지 못했다.

미래는 결코 질서정연하게 다가오지 않는다. 또 계단을 오르듯이 단계적으로 찾아오지도 않는다. 순서대로 변한다고 우리가 생각할 뿐이다. 만약 앞날이 어떤 순서에 의해 변한다면 우리는 미래 예측이 가능하다. 그러나 단언컨대, 미래는 예측 불가능한 시간과 공간에 놓여 있다. 때문에 장기계획이라는 것은 현실세계에선 별 의미가 없다. 누가 1930년대에 뉴욕증시가 대폭락하리라고 예측했겠는가, 누가 1970년대에 오일쇼크가 닥칠 것이라 예측했겠는가?(물론 아주 극소수의 사람들은 예측했을 것이다.)

바로 1년 전, 누가 감히 월가의 파탄과 글로벌 금융위기를 예견했겠는가? 아무도 예상하지 못했기에 세계 경제는 휘청거렸고 많은 사람들의 자산은 물거품으로 변해버렸다. 펀드의 투자수익률을 예측하고 부동산의 시세차익을 기대했던 사람들의 꿈이 사라진 것이다. 50세에 노후 준비를 마치고 60세부터 여생을 즐기겠다던 소박한 직장인들의 '라이프 플랜'도 모두 금융 쓰나미에 떠내려가 버렸다.

물론 그들의 잘못이 아니다. 변화는 우리가 감당할 수 없기에 충분히 대비하지 못한다. 변화의 속도가 그만큼 빠르고, 그 양상이 불규칙적이고 예측하기 어렵기 때문이다.

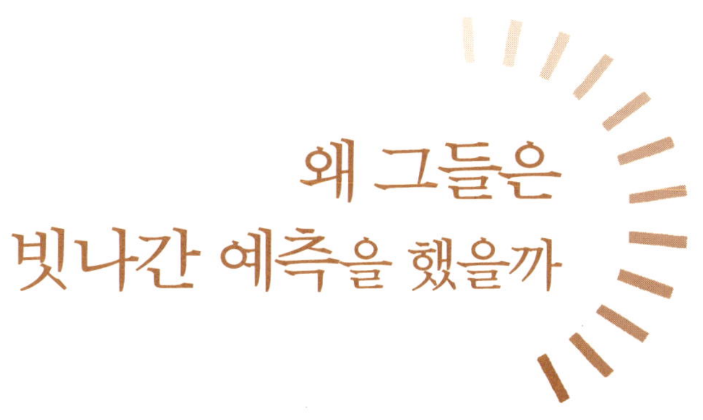

왜 그들은 빗나간 예측을 했을까

▌미래 예측이 어려운 이유

애플의 최고경영자 스티브 잡스는 "미래는 예측하는 것이 아니라 창조하는 것"이라고 말했다. 참으로 도전적이고 당돌한 이 말을 정말 '미래를 창조하겠다'는 것으로 오해하면 안 된다. '시간과 공간이 얽어놓은 변화의 복잡성, 미래의 불확실성을 돌파하겠다'는 의지로 이해해야 한다.

이 자리를 빌어―우리가 평소에 생각하기 힘들었던―미래에 대한 몇 가지 단상들을 들여다보자. 그 전에, 미래를 예측하는 일이 얼마나 어려운 일인지 또 과거에 행해졌던 미래 예측이 얼마나 얼토당토않았는지 한번 살펴보자. 다음의 예측들은 공상과학 소설가들이 한 예측이 아니라 과학자, 기업가, 정치인들이 한 미래 예측이다.

- 1842년 미국 상원의원 올리버 스미스(Oliver Smith)는 모스의 전신기 시범을 본 후 이렇게 말했다. "나는 그가 미쳤는지 보려고 그의 얼굴을 가까이서 들여다보았다."
- 1865년 〈보스턴포스트〉는 논설에서 이렇게 썼다. "박식한 사람들이라면 사람의 목소리를 전선을 통해 전달할 수 없다는 것을 알고 있다. 그리고 그것이 설령 가능하다고 해도 그것은 아무 쓸모가 없다."
- 심지어 발명왕 에디슨도 1897년에 이렇게 말했다. "라디오는 미래가 없다."
- 컴퓨터를 개발해낸 IBM의 사장 토머스 왓슨(Thomas Watson) 역시 엉터리 미래 예측에서 빠지지 않는 인물이다. 1943년 그의 발언이다. "내 생각에는 전세계적으로 5대의 컴퓨터만이 필요하다."

이밖에도 빗나간 미래 예측은 무수히 많다. 그렇다면 왜 이렇게 미래 예측이 어려울까? 여기에 대답하기란 쉽지 않다. 어떤 의미에선 스티브 잡스의 "미래는 예측하는 것이 아니라 창조하는 것"이라는 말이 정답일 것이다. 미래는 우리가 만들어가는 것이기 때문이다.

모든 인간은 현재에 살고 있지만 미래를 꿈꾸고 있다. 나의 미래가 누군가의 미래, 어떤 사물의 미래와 긴밀하게 연결돼 있다는 사실을 떠올리면 우리의 머리는 온갖 상상으로 가득 찰 것이다.

당신의 미래를 그려라

1990년 발사돼 17년째 우주를 돌고 있는 허블천체망원경이 2009년에 보내온 사진 중엔 솜브레로(sombrero, M104 또는 NGC 4594로 불리며 처녀자리에 있는 나선은하. 챙이 넓은 멕시코 모자 솜브레로를 닮았다 하여 붙여진 이름) 은하계의 장관이 담겨 있다. 지구에서 2,800광년(9.46×1012×2,800km) 거리에 있는 이 은하계엔 무려 8,000억 개의 태양이 있다고 한다. 우리 은하계엔 태양이 1개뿐인데…….

지구라는 존재는 우주적 시각에서 보면 그저 하나의 점에 불과하다. 그러나 인간이 만들어내는 변화의 속도는 아마 은하계 행성들 가운데 최고속일 듯싶다. 유럽연합(EU), 세계무역기구(WTO), 인터넷 월드와이드웹(WWW), 휴대폰, 에이즈, 유전자 지도, 복제양…… 이런 것들은 25년 전엔 모두 존재하지 않았던 것들이다. 이 책을 읽는 독자의 나이가 50세라면 살아온 동안 가히 혁명적인 기술변화를 겪은 셈이다. 하지만 우리가 앞으로 겪을 변화는 더욱 역동적일 게 분명하다.

영국의 국가보고서에 따르면 2000년 한 해 동안 전달된 정보의 총량은 2035년이 되면 수초 만에 전달되고, 2025년 한 해에 생산·유통될 정보량은 태초에서 1950년까지 생산된 정보량과 맞먹게 된다. 인간이 생산해내는 정보의 양도 엄청나지만 그것의 전달 속도도 엄청나게 빨라지게 된다.

가까운 장래에 지금과 같은 모습의 컴퓨터가 아예 소멸될 것이라는 레이 쿠즈웨일(Raymond Kurzweil) MIT 교수의 단언은 격변할 미래의 한 단면일 뿐이다. 쿠즈웨일은 2008년 세계미래회의 연설에서 눈의

망막에 직접 이미지를 그려넣는 기술, 전자부품이 작아져 옷, 안경, 몸속으로 들어가는 기술, 진짜와 구분하기 어려운 가상현실, 완벽한 음성인식기술 등이 현실로 다가오고 있다고 강조했다(그의 말이 맞을지 빗나갈지 궁금하다).

그렇다면 2020년 우리는 어떤 시대를 살게 될까. 미래트렌드 분석가이자 경영 컨설턴트인 에디 와이너(Edie Weiner)가 말했듯이 인류는 농경시대(3000년), 산업시대(200년), 정보화시대(50년)를 거쳐 인공지능 로봇 등과 같은 '의식기술(Conscious Technology)'이 지배하는 후기정보화 시대에 진입하게 된다. 그 시대까지 도달하는 데 남은 기간은 불과 10년 정도이다. 그 다음엔 어떤 시대가 얼마나 짧은 기간 동안 또 지나갈지 아무도 알 수 없다.

당신이 미래를 꿈꾸는 사람이라면 나름대로 예측을 해보자. 종이 위에 지금 떠오르는 미래의 기술, 시스템, 전자제품을 써보라. 당신의 희망사항을 쓰라는 게 아니다. 현재 인간의 과학기술 능력에 비추어 가능한 미래의 모습을 그려보라는 것이다. 그것을 잊지 않고 기억한 후 5년 후 혹은 10년 후 어느 정도 맞았는지 점수를 매겨보라.

아울러 그 시대에 당신은 어디에서 무슨 일을 하고 있을지, 어떤 삶을 누리고 있을지도 상상해보라. 태평양 한가운데 바다 밑 2만 리에 유리집을 짓고 살고 있을까? 아니면 영화 '토탈리콜'처럼 지구밖 행성으로 여행을 떠나기 위해 짐을 꾸리고 있을까?

복잡계이론

미래의 변화를 예측하는 모델 중 가장 첨단을 달리고 있는 분야는 복잡계이론이다. "베이징에 있는 나비가 작은 날갯짓을 하면 미국 플로리다에 엄청난 허리케인이 덮친다"는 이른바 '나비효과'로 대표되는 이론이기도 하다. 이 이론의 핵심은 한마디로 우리가 살고 있는 세상은 워낙 복잡하고 변화가 빠르기 때문에 개인이나 조직은 스스로 변화를 창조해가는 자세를 갖고 있어야 한다는 것이다. 다시 말해 스스로의 자율적인 변화를 통해 새로운 질서, 새로운 구조를 만들어내는 능력이 없으면 복잡다기한 세상에서 살아남을 수 없다는 얘기다.

1969년 노벨물리학상 수상자 머레이 겔만(Murray Gell-Mann)은 "복잡계를 아는 사람과 모르는 사람의 차이는 복잡계를 모르는 사람과 원숭이의 차이보다 더 크다. 복잡계를 모르는 사람은 금붕어와 전혀 다를 바 없다"고 갈파했다.

물론 복잡계이론을 진리라고 규정할 수는 없다. 항상 옳은 것도 아니다. 복잡계이론 역시 복잡한 세상을 이해하고 설명하는 하나의 관점일 뿐이다. 하지만 변화의 가능성을 알고 준비하는 조직과 그렇지 못한 조직 간의 격차가 너무도 크게 벌어질 것이라는 진단은 누구도 부인할 수 없는 '진리'다.

오늘날 경영학 서적들은 성공적인 조직관리를 위한 수많은 방안들을 저마다 제시하고 있다. 하지만 어떤 이론도 미래에 나타날 양상이나 흐름을 구체적으로 알려주지는 못한다. 미래를 전문적으로 연구하는 학자들 역시 마찬가지다.

중요한 것은 앞으로 갈수록 시스템화–네트워크화될 이 세상에 대한 전율

과 긴장이다. 시간은 모두에게 똑같은 크기지만 어느 누군가에게는 의미 있
는 변화와 상상력을 동반하는 '카이로스(kairos)'가 될지도 모른다. 시간에는
두 가지가 있다. 그냥 흘러가는 시간과 의미 있는 시간이다. 흘러가는 시간을
헬라어로 '크로노스(chronos)'라 부르고, 의미 있는 시간을 '카이로스'라 한
다. 태아가 어머니 뱃속에 머무는 시간은 '크로노스' 적이고 세상의 빛을 얻는
탄생의 시간은 '카이로스' 적이다. 다음 세상의 주역은 카이로스의 시간을 만
들어가는 사람이다.

▲ 복잡계를 모르는 사람은 금붕어와 다를 바 없다.

세계의 물류를 바꾼 컨테이너 혁명

조랑말 퀵서비스

오늘날 우리의 삶에서 절대 없어서는 안 되는 것 중의 하나가 '물류'이다. 불과 10년 전만 해도 일반인들이 쓰는 말 중에 '택배'라는 단어는 거의 사용되지 않았다. 그런데 지금은 하루에 한 번 이상 이 단어를 사용한다. 물류, 택배와 더불어 사용빈도가 급격히 늘어난 단어가 퀵이다('퀵서비스'라는 말은 사실상 신조어이다). 퀵이 처음 우리나라에 도입되었을 때 '과연 이게 돈벌이로 자리를 잡을까'라는 회의가 많았지만 지금은 여기에 종사하는 사람만 해도 가히 10만 명은 넘을 것으로 추산된다. 어떤 의미에선 '대리운전'도 물류의 일종이다.

이처럼 물류는 거대한 산업이 되었고, 나날이 변혁을 거듭하는 산업의 한 분야가 되었다. 365일 24시간 내내 도로와 바다와 하늘에서 수송수단들은 한시도 쉬지 않고 이동하고 있다. 물류맨들은 사막과 거친 파도와 폭우를 무릅쓰고 상품과 서류를 전해주기 위해 전세계 곳곳을 누빈다. 그들이 멈추는 순간 세계의 경제는 올스톱된다.

그 옛날 마라톤 광야에서 침략자 페르시아군을 물리치고 승리의 소식을 고국에 전하기 위해 42.195km를 뛴 그리스의 병사도 요즘으로 치면 '퀵'이라 할 수 있다.

미국의 초기 역사를 보면 '포니익스프레스(Pony Express)'라는 흥미로운 시스템이 있었다. 포니익스프레스는 우편배달 시스템이다. 1860년 4월에 시작돼 1861년 10월에 끝나 그 기간이 1년 6개월에 불과하지만 매우 중요한 역할을 했다. 포니익스프레스는 몬태나 주(동부) 세인트 조지프와 캘리포니아 주(서부) 새크라멘토 사이를 말을 타고 우편물을 배달한 릴레이식 우편배달 체계였다. 러셀메이저스&웨델사가 후원을 했지만 그리 많은 돈을 벌지 못했고 대륙 횡단 전신체계가 완성되자 이틀 후에 문을 닫았다.

극히 짧은 역사에 불과하지만 포니익스프레스는 미국 역사에 중요한 족적을 남겼다. 전달시스템이 완성되지 않았을 때 그들은 목숨을 걸고 동부에서 서부로 말을 달렸다. 1860년 4월 3일 미주리를 출발한 우편물이 3,200km 떨어진 캘리포니아에 도달하기까지 걸린 시간은 열흘 반나절이었다. 남부를 통과하는 역마차보다 15일이나 빨랐다. 링컨 대통령의 취임연설문을 전할 때는 7일 17시간이라는 기록을 세웠다.

배달길은 보통 2,897km였는데 배달하는 데 통상 10일 정도가 걸렸다. 역이 157개가 있었으며 기수들은 역과 역 사이에서 6~8번 말을 갈아탔다. 배달원들은 대부분 20대 이하의 깡마른 소년이었고 주급으로 25달러를 받았다. 그들은 조랑말(pony)을 타고 다녔는데 '눈이 오나 비가 오나' 편지를 전달하기 위해 앞으로앞으로 달렸다. 때로는 인디언들의 공격에 목숨을 잃기도 했다. 어떤 일이 있어도 물건을 목적지까지 보내려 했던 포니익스프레스의 정신은 미국 물류산업 발달에 큰 영향을 끼쳤다.

▌고정관념을 깨는 그 순간

"위기를 기회로 활용하라"고 말하지만 결코 쉽지 않다. 그렇게 된다면야 너나없이 위기를 반겨야 할 상황이다. 하지만 현실은 다르다. 위기를 역전의, 반전의 기회로 바꾸려면 앞날을 예측할 수 있어야 한다. 위기 뒤에 오는 새로운 질서와 패러다임을 읽을 수 있어야 한다. 위기 이후 출현하게 될 새로운 질서에 편승하지 못하는 조직이나 기업은 돌이킬 수 없는 타격을 입는다. 그런 사례는 무수히 많다.

하지만 일기예보보다 훨씬 더 자주, 크게 틀리는 것이 경제 전망이다. 이 세상의 어떤 현상도 예전과 똑같이 되풀이되는 것은 단 하나도 없다. 모든 현상은 단 한번 나타났다가 사라진다. 과거의 경험을 거울삼아 미래에 대비할 수는 있겠지만 족집게처럼 앞날을 그릴 수는 없는 것이다.

산업혁명 이후 주기적으로 되풀이됐던 경제위기만 해도 위기의 원인과 양상, 해소 과정이 모두 달랐다. 그리고 반드시 주기적이지도 않았다. 경제의 성장 사이클을 보면 얼핏 상승과 하강이 반복되는 주기성을 갖고 있는 것처럼 보일 때가 있다. 그러나 실제로는 특별한 룰이나 정형성이 없다. 주식투자를 하는 순간순간에 천장과 바닥을 미리 알 수 없는 것과 같은 이치다. 그렇다고 너무 겁먹을 것은 없다. 근대 사회 이후 경제위기는 늘 있어 왔고 불황 뒤에는 완전히 질적으로 다른 호황이 찾아오곤 했다.

다시 물류로 돌아가보자. 1950년대 세계 해운업계는 극심한 불황에 직면해 있었다. 운항 속도와 연비 개선이 수익력 확보의 첩경이라고 보았는데, 실제 대부분의 비용은 항해 과정이 아니라 정박과 하역 과정에서 발생했기 때문이었다. 해운업계를 절망의 구덩이에서 끄집어낸 것은 컨테이너 선박이었다. 이것은 발명품도 아니고 대단한 발견도 아니었다. 하지만 컨테이너를 열차와 트럭에만 실을 수 있다는 고정관념을 깨는 순간 하역시간은 단축됐고 운항효율은 비약적으로 높아졌다. 어딘가에는 길이 있고, 누군가는 찾아낸다는 세상의 흐름, 바로 넷브레이킹의 진면목을 압축적으로 드러내주는 스토리다.

이렇게 시작된 컨테이너 혁명은 지난 50여 년 동안 세계의 물류를 지배했다. 현재 바다에 떠 있는 선박 중에 가장 흔한 것이 바로 컨테이너선이다. 하지만 아이러니컬하게도 요즘 전세계 해운업계는 바로 컨테이너선 과잉으로 몸살을 앓고 있다. 선박으로 실어나르는 물자의 양보다 컨테이너선 발주가 더 빠른 속도로 이뤄졌기 때문이다. 이제 해상 물류업계에도 또 다른 혁명이 필요할 터. 과연 누가 그 길을 찾아낼 것인가.

변화는 선형적이 아니라 비선형적이다

미래는 '未來'

경제계의 변화는 수많은 스톡(stock)과 플로우(flow)들이 엉켜 이루 말할 수 없이 복잡하게 전개된다. 여기에다 인식-판단-의사결정이 이뤄지는 동안 시간 지체 현상까지 나타난다. 경제학자들은 이를 '동태적 복합성'이라 부른다. 증권시세의 특정 사이클이 어떤 경우에도 다시 나타나지 않는 양상과 맥을 같이한다.

지구상의 거의 모든 나라에 증권시장이 있다. 이곳에서 나타나는 증권시세는 어느 경우에도 똑같은 패턴을 반복하지 않는다. 왜 그럴까? 사람의 마음이 수시로 변하고 그 마음들이 모여 사회가 변하고, 현상이 변하기 때문이다. 증권시장은 그것을 반영하는 바로미터라 할 수 있다. 즉 변화의 축소판인 것이다.

몇 년을 주기로 활황과 불황을 반복하고 있는 세계 반도체업계를 봐도 경제 흐름을 나름대로 예측하며 의사판단을 하는 기업들의 행위가 얼마나 위험천만한 변화에 노출돼 있는지를 잘 보여준다. 동시에 서로 상호작용을 하는 수십, 수백만 개의 경제 행위들이 몰고 오는 미지의 세계는 우리를 전율케 한다. 참으로 알 수 없는 질서에 두려움마저 느끼는 것이다.

전문가들은 특히 현대 경영 환경의 변화가 선형적(linear)이 아니라 비선형적(nonlinear)으로 일어난다는 점을 강조하고 있다. 원인과 결과가 하나의 선으로 명료하게 연결되는 선형적 질서는 점진적이고 필연적인 변화의 양상을 띤다. 따라서 변화의 과정을 잘게 쪼개도 전체의 성격이 달라지지 않고, 일부를 따로 떼어내 연구해도 그 결과를 전체에 적용할 수 있다. 일종의 요소환원주의와 비슷한 귀결이다(요소환원주의는 64페이지에서 살펴본다).

반면 비선형적 질서는 인과관계로 설명이 되지 않는 단절적 변화가 많고 미처 예상치 못한 우연과 돌출변수가 많아 장래에 대한 예측이 불가능하다. 비선형시스템은 자연에서 너무도 흔한데 비행기 날개에서의 난기류, 갑작스런 기후 변화, 레이저광선, 뇌에서의 시냅스(신경세포 간의 기능적 연결) 분출 등이 대표적인 현상이다.

물론 모든 시간의 성격을 선형적—비선형적으로 나눌 수는 없다. 어떤 단계에선 두 가지 질서가 일정한 비율, 예컨대 8대 2나 7대 3 정도로 섞여 있을 수도 있다. 한 가지 분명한 사실은 미래는 문자 그대로 '아직 오지 않은 것(未來)'이며 그 결과는 아무도 정하지 않았고, 정할 수도 없다는 것이다. 물론 인간이 갖고 있는 합리성으로 어느 정도 예측가능한 범위를 추출해낼 수는 있지만 절대적인 것이 될 수는 없다.

경제계에서 나타나는 비선형적 변화로는 1930년대 미국의 대공황, 1970년대의 오일쇼크, 2008년의 글로벌 금융위기 등을 들 수 있다. 이러한 변화는 개별기업들뿐만 아니라 기업들이 처한 비즈니스 환경 자체를 바꿔버린다.

변화의 양상이 단절적이고 비약적이라면, 비선형적 질서가 불확실성을 더욱 증폭시키고 있다면 그에 대응하는 기업의 자세와 전략 역시 달라질 수밖에 없다. 예를 들어 안정적인 환경에서는 무결점을 추구하는 품질 개념이 중요하지만 급변하는 환경에서 무결점을 추구하다보면 변신 속도가 느려져 파국을 맞이하는 경우가 많다.

한때 전자왕국으로 불렸던 소니가 아날로그 방식의 브라운관 TV에 집착하다가 LCD와 PDP 양대 진영의 협공에 밀려 TV 시장 패권을 놓쳐버린 게 대표적인 사례다. 소니는 디지털 시대의 도래라는 비선형적 변화의 흐름을 너무 안이하게 생각하고 판단했다. 한때 세계 휴대폰 업계 2위였던 모토로라 역시 고객사들의 디지털기술 전환 요구를 묵살하다가 순식간에 시장을 내주는 아픔을 맛보고 있다.

깊은 구덩이는 두 걸음에 건널 수 없다

중국 속담 중에 "깊은 구덩이는 두 걸음에 건널 수 없다"는 말이 있다. 점프를 해서 한번에 건너야 한다. 한 걸음 한 걸음 가게 되면 구덩이에 빠진다는 뜻이다. 그러면 어떻게 구덩이를 뛰어넘을 것인가. 물론 정답이 없다. 어떤 경영학 교과서에도 나와 있지 않다. 한 가지 분명한 사실은 점진적 개선이 아니라 단절적이고 비약적인 혁신이 있어야 한다는 것이다. 혁신은 우리에게 무척 익숙한 낱말이지만 그 자체가 위기 극복을 보장해주는 것은 아니다. 방향을 잘못 잡은 혁신, 자기기만적인 혁신, 미래와 괴리된 혁신 사례는 얼마든지 찾을 수 있다.

저명한 경영학자인 톰 피터스는 일찍이 "상품이나 서비스를 어제보다 조금 더 낫게 만들려고 애쓰는 사람들에게는 미안한 말이지만 그들의 운명은 죽음뿐이다"라고 갈파했다. 설마 죽겠냐고? 1965년 매출액 100위권에 속했던 국내 기업 중 지금까지 생존한 기업은 고작 11개뿐이다.

따라서 기업들은 지금까지의 지식이나 경험으로 이해할 수 없는 현

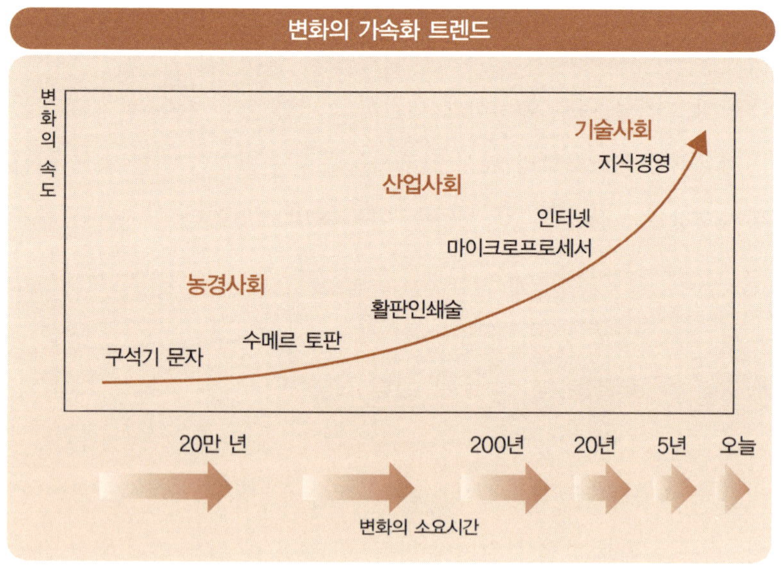

상이 나타났을 때 이것이 그저 비합리적이고 무질서한 일과성 현상인
지, 아니면 더 큰 질서를 내재하고 있는 대변화의 시작인지를 가려낼
수 있는 혜안을 가져야 한다. 동시에 위기를 기회로 바꿀 수 있는 경영
혁신 역량을 길러야 한다. 혁신은 '환경 변화에 적응하기 위한 기업의
의도적인 변신 노력'이므로 환경의 변화가 클수록 혁신의 필요성도
높아진다.

Net Breaking

2장

나부터, 지금부터, 작은 것부터

"앞으로의 세계는 지식이 모든 생산 수단을 지배하게 되며
이에 대비하지 않으면 어느 나라든 생존하기 어렵다."

– 앨빈 토플러

"메모리 640kb면 모든 사람들이 만족할 용량이다."

1981년, 세기의 천재 빌 게이츠가 했던 말이다. 하지만 우리는 지금 이 호언의 30배가 넘는 메모리를 사용하고 있다. 1992년에 혜성처럼 등장한 '서태지와 아이들'을 보고 모 유명가수가 내뱉은 말은 더 가관이었다. "멜로디가 부족하네. 음도 불안하고……. 가요계는 그렇게 만만한 곳이 아니야."

세상의 변화를 현 시점의 눈으로 들여다보기 어렵다는 것을 단적으로 보여주는 사례들이다. 1998년 외환위기, 2008년의 글로벌 경제위기 때도 똑같았다. 모두들 망한다고 했다. 삼성도 안심할 수 없다고 했다. 하지만 어김없이 위기는 지나가고 새로운 세상이 열린다. 뉴패러다임은 추락하는 자와 비상하는 자를 정확하게 가려낸다.

약자가 강자를 추월할 수 있는 호기는 불확실성이 고도로 증폭될 때이다. 승부의 결과는 경제의 불균형이 해소될 때, 안개처럼 눈을 가리던 불확실성이 걷힐 때 비로소 드러난다. IT산업의 거품이 붕괴되던 2000년대 초 애플과 컴팩의 운명이 엇갈렸을 때처럼 말이다. 그저 그런 컴퓨터 기업에 불과했던 애플은 일약 디지털산업의 총아로 떠오른 반면 PC업계 최강자였던 컴팩은 경쟁사들에 시장을 내주면서 휴렛팩커드(HP)에 흡수되고 말았다.

우리는 세 가지 착각에 빠져 있다

자신을 모르는 사람들

기업들이 흔히 사용하는 '인재'라는 단어의 뜻은 한마디로 '일 잘하는 사람'이다. 그런데 일을 잘한다는 것은 생각 밖으로 쉽지 않다. 절대적·상대적 기준도 명확하지 않다. '공부를 잘하고 못하는' 것은 분명히 구별할 수 있다. 성적이라는 잣대와 석차라는 눈금이 있기 때문이다. 반면 일하는 능력의 문제는 애매하고 다의적이다.

본론으로 들어가기 전에 여담 한 마디.

'남팔자잘 여팔자뚱'이라는 말이 있다. 남자의 80%는 자신이 잘 생겼다고 생각하고, 여자의 80%는 자신이 뚱뚱하다고 생각한다는 말이다. 허무맹랑한 말이 아니라 통계를 바탕으로 한 것이다. 이 말에서 느낄 수 있는 점은 대부분의 여자는 자신의 외모에 자신이 없어 하고 대부분의 남자는 착각에 빠져 산다는 것이다(그런 의미에서 여자는 현실적이고 남자는 망상적이다). 남자는 아주 추남만 아니면 못생겼다는 말은 듣지 않지만 실제 '정말 잘생긴' 남자는 드물다.

남자의 착각은 여기에서 끝나지 않는다. 남자가 땀을 뻘뻘 흘리며 일을 하는 모습을 지켜보던 여자가 시원한 물 한 잔을 가져다주었다. 이때 남자들은 몹시 고마워한다. 고마워하는 것에서 끝나야 하는데 남자의 상상이 엉뚱한 곳으로 날아가기 시작하면서 문제가 생긴다.

'저 여자가 혹시 나를 좋아하는 것은 아닐까?'라고 뚱딴지같은 생각을 하는 것이다. 그래서 이런 고민 저런 고민을 하다가 용기를 내 데이트 신청을 하면 여자의 반응은 당연히 'No'이다. 여자는 남자에게 물 한 잔을 건넸다는 사실조차 기억하지 못하고 있을 때가 많다.

물론 이런 착각은 남자들뿐만 아니라 여자들도 한다. 또 이성적인 관계에서뿐만 아니라 일상의 모든 곳에서 한다. 업무 능력을 비교하고 평가하는 대목에서도 마찬가지다.

통상 직장인들이 하기 쉬운 첫 번째 착각이 '나는 일을 잘하는 편'이라고 여기는 것이다. 어쩌면 당신도 이 착각을 매일 매순간 할지도 모른다. 매사에 자신에게 유리한 방향으로 생각하고 판단하는 것을 마냥 나무랄 수는 없다. '잘할 수 있고 잘하고 있다'는 자신감을 애써 깎아내릴 필요는 없는 것이다.

하지만 기업의 최고경영자든 소규모 조직을 운영하는 팀장이든 부하직원들을 관찰하고 성과를 측정하는 위치에 있는 이들에게 물어보면 어김없이 2대 8 법칙이 드러난다. 20%는 만족스럽고 80%의 부하들은 어딘지 미흡하다는 것이다. 따라서 자신의 업무 능력에 큰 하자가 없다고 생각하는 5명 중에서 4명은 착각을 하고 있다는 결론이 나온다. 심지어 어떤 사람은 '내가 그만두면 이 조직은 무너질 것이다'라고 생각한다는 것이다. 구조조정을 당한 사람은 대개 '나를 몰아낸 이 회사가 얼마나 오래 갈지 두고 보자'라고 이를 갈지만 그런 기대(?)가 실현될 가능성은 그다지 높지 않다.

▌남 탓하는 사람들

두 번째 착각은 첫 번째 상황과 연결돼 있는 착각이다. '나는 일을 잘할 수 있는 자세와 의지를 갖고 있는데 그것이 제대로 인정받지 못하는 이유는 일에 열성적이지 않은 동료들이나 조직 내 다른 사정이 있기 때문'이라는 사고방식이다.

실제 그럴 개연성이 충분히 있고 퇴근길에 많은 직장인들이 소주잔을 기울이며 한탄하는 얘기이기도 하다. 하지만 이런 착각이 계속 지속된다는 데 문제가 있다. 자신의 업무나 소속이 바뀌어도 갖가지 푸념을 그치지 않는 사람들이 의외로 많다. 문제가 있다던 동료와 조직을 떠났는데도 또 다른 문제가 있는 동료와 조직을 만났다는 얘기이다. 그런 식으로 하자면 할 수 있는 일이 아무것도 없다. 사실 어떤 조직이든 정도의 차이에 따라 비효율적인 구석들이 있으며 사람과 사람의 관계가 늘 원만하고 합리적인 것은 아니다.

모든 조직이 합리적이라면 세계는 오늘과 완전히 다른 모습이었을 것이다. 모든 조직에는 구조적인 불합리와 모순이 있고 성격적으로 문제 있는 사람이 반드시 있게 마련이다. 성깔 있고 폭군에 가까운 상사를 만날 수도 있고 이기적이고 변명만 늘어놓는 부하를 대할 수도 있다.

십수년 동안 조직생활을 하면서 남 탓만 하는 이들은 대개 자신이 느끼고 있는 문제의 본질을 모르거나 무시하는 경향이 있다. 어떤 문제에 정면으로 부딪쳐 해결할 생각을 하는 대신 뒤로 물러나 앉아 다른 사람들만 쳐다보고 있기 때문에 요행이 아니면 해법을 찾아낼 길이 없다. 이런 사람들일수록 막판에 가면 최고경영자나 조직 내 우두머리의 리더십, 나아가 회사 전반을 싸잡아 비난하는 것으로 자신의 울분을 간단히 해소하고 만다.

█ 아이디어 죽이는 사람들

세 번째 착각은 '아이디어'와 '실행'의 분야다. 세상에는 좋은 아이디어와 나쁜 아이디어가 있다. 좋은 아이디어는 비전이 되고 나쁜 아이디어는 야욕이 될 수 있다. 비전과 야욕은 종이 한 장 차이이다. 슈바이처의 아이디어는 비전이 되고 히틀러의 아이디어는 야욕이 된다. 문제는, 자신의 아이디어가 히틀러의 야욕임에도 불구하고 슈바이처의 비전이라고 생각한다는 착각이다. 실행 역시 마찬가지다. 물론 이는 절대적인 기준은 아니다. 아이디어와 실행은 업무와의 연계성, 조직 내 역량과의 적합성, 외부 목표와의 긴밀성 등을 기초로 판단하는 것이다.

조직에 별 도움이 안 되는 아이디어만 무수히 쏟아 내놓고선 "회사가 아이디어를 받아들이지 않는다"고 떠든다면 곤란하다. 어느 날 갑자기 떠오른 아이디어는 뉴턴의 사과처럼 한 줄기 빛과도 같은 직관일 수도 있지만 대개 조악하고 짜임새가 없기 십상이다.

또 아이디어를 구체화시킬 수 있는 수많은 실행전략과 전술 중에 간편하고 손쉬운 것들만 주장하면서 "어려운 일만 시킨다"고 불평불만을 늘어놓는다면 어떤 좋은 아이디어도 살아남을 수 없다. 아이디어도 임자를 잘 만나야 한다는 얘기다.

정말로 최선을 다했는가?

정만원 SK텔레콤 사장은 "최선을 다했지만 잘 안 됐습니다"라는 보고를 가장 싫어한다. 한마디로 최선을 다하지 않았다는 결론을 내린다. 이석채 KT 회장도 비슷한 생각이다. 그는 자신이 문제 해결을 지시한 사안에 대해 "지난번 말씀드릴 때와 크게 달라진 것이 없습니다"라는 보고를 접하면 불호령을 내린다. "달라진 것이 없는데도 왜 내 시간을 빼앗아가며 굳이 보고를 하느냐"고 호통을 친다. 정 사장이나 이 회장이 막무가내 스타일이라서 그런 게 아니다. 그런 식의 경영이 통하는 시대도 아니다.

이들은 문제를 풀어낼 수 있는 구체적인 로드맵을 당장 적시해줄 수는 없지만, 분명히 찾을 수 있는 길을 직원들이 못 찾고 있다고 생각한다. 발상이 창의적이지 않고 상상력이 부족하다고 질책을 하는 이유다.

흔히 상사들이 "뭔가 좋은 아이디어를 내봐"라고 주문하는 표현에는 이런 안타까움과 절박감이 담겨 있는 것이다. 사실 대부분의 문제는 새로운 것이 아니다. 문제를 새로운 방식으로 바라보는 것이 관건이다.

당신은 이 세 가지 착각에서 어느 정도 자유로운가. 만약 이런 착각들을 스스로 완벽하게 인식하고 제어할 수 있다면 어떤 직장을 다녀도, 어떤 사업을 해도 성공에 한 걸음 다가갈 수 있는 자세와 조건을 갖추고 있다고 봐도 된다. 하지만 우리가 주변에서 보는 많은 직장인들은 한두 가지, 어쩌면 세 가지 착각을 모두 끌어안고 생활하는 경우가 많다. 최선을 다했다는 착각은 말 그대로 '잘못 알고 있는 것'이다. 일부러 자신을 속이는 게 아니라 정말 몰라서 그러는 것이다. 당연히 바로잡아야 한다.

삶은 결코 빤~하지 않다

가지각색의 사람들이 이 세상을 만들어간다. 지구에는 67억 명이 넘는 사람들이 있지만 그들을 간단히 분류할 수 있는 방법이 있다. 가장 쉬운 것은 남자와 여자이다. 그리고 성년과 미성년으로 분류할 수 있고, 동양인과 서양인으로 분류할 수도 있다. 굉장히 애매모호하지만 부자와 가난한 자로 분류할 수도 있다. 또 어떤 분류법이 있을까?

삶의 자세에 따라 분류가 가능하다. 첫 번째 부류는 삶에 큰 변화를 원하지 않고 변화를 주도할 수도 없다고 생각하는 사람들이다. 스스로의 힘으로 선택하는 변화를 두려워하고 필연보다는 우연에 더 많이 기대는 이들이기도 하다. 대개 조급한 성공을 원하다가 쉽게 낙담하는 사람들이 여기에 속한다. 몇 번의 시도와 도전이 좌절되고 나면 삶의 궤적이 뻔하다고 생각해 일찌감치 소시민적 일상에 함몰되고 만다.

물론 '소시민'의 가치를 일방적으로 폄하할 수는 없다. 사소한 일상에 깃드는 작은 행복의 가치는 더더욱 그렇다. 다만 삶의 자세를 얘기하는 것일 뿐이다.

두 번째는 도전하고 성취하는 삶을 추구하는 사람들이다. 대개 진지하고 정열적이며 인생을 길게 본다. 스스로 변화를 모색하고 생활 속에서 끊임없이 학습하며 자신을 단련한다. 고단한 일상 속에 놓여 있지만 땀과 노력이 가져다주는 즐거움을 알고 있다. 물론 100% 성공을 보장받지는 못한다. 노력의 방향과 과정이 잘못될 수도 있기 때문이다. 그래도 좀처럼 낙담하는 법이 없다. 미련하다는 소리를 들을지언정 묵묵하고 성실한 편이다.

기회는 따분한 일상 속에 살아 숨쉰다

물론 우리들의 삶과 생각을 이런 식으로 일도양단할 수는 없는 일이다. 상반된 성향이나 기질이 조금씩 섞여 있고 도전과 실패, 기대와 낙담이 교차하는 일이 다반사이기 때문이다. 그리고 어떤 가치관을 갖고 있느냐에 따라 반드시 도전하고 성취하는 삶이 성공하는 인생이라고 단정할 수도 없는 일이다.

이 자리에서 철학적인 행복론을 설파(?)할 생각은 없다. 그럴 능력도 안 된다. 단지 그 어느 때보다 복잡다단하고 변화무쌍한 세상을 애기하고 싶고, 그 속에 언제나 살아 숨쉬고 있는 수많은 기회들과 삶의 역동성에 대해 말하고자 한다.

여느 소시민의 푸념대로 과연 인생은 빤~한 것인가? 아마 당신이 직장인이라면-혹은 조그만 사업을 영위하는 사업자라면-내일의 일상이 오늘과 별반 다를 게 없다고 여길지도 모른다. 그런 시간들이 쌓이면 1년 후에도 큰 차이가 없을 것이라고 생각할 게다. 갑자기 직장을 옮긴다든지, 결혼을 한다든지, 아니면 어디선가 대박을 잡을 기회가 오지 않는다면 말이다. 사실 그렇다. 꽉 짜인 일상에서 우리를 옥죄는 사회의 온갖 시스템을 벗어나 진정 우리가 원하는 변화를 맞이할 가능성은 별로 없어 보이고 슈퍼클래스가 될 가능성도 없어 보인다. 그래서 우리는 로또를 사는 것일까?

그래서 때로는 따분하다. 학교를 졸업하고 취직을 하고 배우자를 만나고 자녀를 낳고……. 이런 모든 일들이 그저 예측가능한 범위 내에 있는 인생의 수순들이다. 그런데 정말 우리들이 변화를 원하기나 하는 것일까. 어쩌면 안일한 일상에 젖어 정녕 꿈꿔오던 것들을 잊고 살아가는 것은 아닐까. 무심하게 흐르는 시간 속에서 어느새 찾아온 삶의 덧없음에 젖어드는 것은 아닐까.

그렇게 살지 않으려면 자신만의 로드맵을 가져야 한다. 막연하고 멀리 있는 이상이 아니라 현실 속에서 구현할 수 있고 전개할 수 있는 로드맵이어야 한다. 그것이 직장에서의 승진(출세)이든, 사업을 해서 돈을 벌든, 명예와 부를 얻는 것이든 마찬가지다. 물론 알 수 없는 미래가 우리의 뜻대로 움직인다는 보장은 어디에도 없다. 시간은 항상 생각대로 흘러가지 않는다. 삶은 결코 빤~하지 않고 미리 정해져 있지도 않다. 그래서 개인에게도 기업경영과 마찬가지로 시나리오가 마련돼 있어야 한다.

지금 당신이 연봉 5,000만 원을 받는 30대 중반의 샐러리맨이라고 치자. 앞으로 10년 동안 당신의 소득은 '5,000만 원×10년＋연봉 인상(인하)분'이다. 물가 비싼 한국에 살면서 결혼하고 자녀를 키우는 데 적잖은 생활비가 들어간다고 생각하면 저축할 수 있는 돈은 그다지 많지 않다. 맞벌이부부라면 사정은 좀 다르겠지만 혼자 번다면 1년에 1,000만 원 모으기도 결코 쉽지 않다. 시간이 지날수록 연봉이 올라갈 가능성이 높다 해도 자녀의 성장과 부모세대의 연로, 여가생활의 증가로 지출 규모 또한 커질 수밖에 없다. 그런 연유로 향후 10년간 당신이 기대할 수 있는 현실적인 저축액은 1~2억원 남짓이다. 물론 적지 않은 돈이다. 하지만 삶의 질을 극적으로 바꿀 정도는 아니다. 그래서 앞으로 10년 동안 자신이 바칠 수고와 노력을 따져보면 한숨이 나오고 인생이 따분하다고 여겨지는 것이다.

그렇다면 10년 후 통장의 실제 잔고가 1~2억 원 정도 있을까? 그럴 수도, 그렇지 않을 수도 있다. 돈만 놓고 보면 당신이 모을 수 있는 재산은 향후 10년을 어떻게 준비하고 받아들이느냐에 달려 있다. 물론 월급쟁이가 모을 수 있는 돈은 봉급명세서를 크게 벗어나지 못한다. 하지만 당신은 이 사회에서 월급쟁이로서만 사는 게 아니다. 지금 당신이 하고 있는 생각이나 일 중에서 돈으로 교환 가능한 가치를 지닌 것들은 의외로 많다. 단지 시간과 기회의 문제일 뿐이다. 지금 어떤 한 방면에서 쌓아가고 있는 노력과 역량이 언젠가 적잖은 부로 돌아올 수 있다는 얘기다. 월급쟁이를 계속하든 그만두든 상관없다(혹여나 주식이나 부동산투자를 통해 운좋게 돈을 버는 재테크 얘기를 하는 것으로 오해하시지 말라).

10년은 긴 시간이다. 직장에서 10년 먼저 들어온 선배나 상사들의 생활수준을 보면 그 편차가 꽤 크다는 것을 알 수 있다. 상속이나 증여 등을 통한 출발선의 차이가 작용하는 경우도 있지만 기본적으로는 10년의 노력과 준비, 목표를 향한 집중력이 더 큰 영향을 미친다.

구체적인 이정표가 있는 삶과 그렇지 못한 삶의 차이는 우리 주변에서 너무나 쉽게 확인할 수 있다. 따라서 단순히 주어진 시간에 고정된 소득을 곱해서 미래의 재산을 계산하는 것은 이미 효용이 다할 대로 다한 '요소환원주의'를 버리지 못한 결과다.

데카르트를
뛰어넘어라

▌ 요소환원주의

그렇다면 이제 요소환원주의(reductionism)에 대해 살펴보자. 요소환원주의는 철학적으로는 이미 수백년 전에 효용을 다한 것이지만 의외로 우리의 의식 속에 뿌리 깊게 자리잡고 있다. 상황에 따라 죽을 때까지 이 빤~한 사고방식을 못 버리는 이들도 많다.

요소환원주의는 한마디로 '전체를 부분으로 완벽하게 나눌 수 있고 부분의 합이 전체'라는 게 요지다. 이는 17세기 뉴턴과 데카르트에 의해 정립된 근대과학의 뼈대이기도 했다. 근대 철학자들은 세상을 이렇게 설명했다.

"무언가를 인식하기 위해서는 그 대상을 요소로 분할, 환원해 하나

하나의 요소를 자세하게 조사한 다음 그 결과를 다시 모으면 된다.”

이 논리대로라면 기업은 학창시절 우리가 배웠듯이 토지, 자본, 노동의 3요소로 구성된다. 그렇기는 하지만 과연 이것들로 기업을 제대로 설명할 수 있을까. 현대경영에서 강조되는 기술, 디자인, 인재, 리더십 등은 어디에 갖다 붙여야 하는 걸까. 아니 그보다 훨씬 복잡하고 다양한 조직 내의 상호작용들은 어떻게 설명해야 하는 걸까.

관계의 역동성을 간과하지 마라

요소환원주의는 과학기술의 발달과 합리성 고양에 일정 부분 기여를 했지만 중대한 결함을 갖고 있다. 그 결함은 “전체를 미리 정해놓은 요소로 분할할 경우 중요한 무언가가 상실된다”는 것이다. 다시 말해 전체를 부분으로 분할할 수는 있지만 일단 분할된 부분을 다시 끼워 맞추더라도 원래의 전체로 복원할 수 없다는 문제다. 그것은 마치 물고기를 해부한 뒤 그 조각을 다시 꿰어 맞춰도 원래의 살아 있는 물고기로 복원할 수 없는 것과 똑같은 이치다.

이런 인식의 결함이 발생하는 이유는 우리가 살고 있는 세계가 갖가지 요소로 구성된 유기체적 성격을 띠고 있기 때문이다. 유기체라 함은 생성—변화—소멸의 길을 걷는다는 의미다. 모든 요소들이 그 자체로 생로병사의 과정을 거치며 변하는데 어찌 원래 요소대로 돌아갈 수 있겠는가. 요소는 또 크든 작든 주변의 다른 요소들과 필연적으로 어떤 관계를 맺도록 되어 있다. 얼핏 분리돼 있는 것 같지만 요소와 요소는 끊임없이 상호작용을 하며 서로 영향을 주고받는다.

바로 이 대목에서 우리는 분할된 요소가 독립적으로는 도저히 갖지 못하는 관계와, 그것들의 연결체인 네트워크에 주목할 수밖에 없다. 요소환원주의가 결정적으로 실패하는 이유는 관계의 존재를 간과하기 때문이다.

세포는 모여서 기관을 형성하지만 세포의 합집합이 기관은 아니다. 수많은 세포 간의 끊임없는 상호작용이 기관의 역할을 만들어내는 것이다. 때문에 기관을 단순 분해해버리고 나면 세포들의 상호작용이 사라지고 기관의 생명력(네트워크)도 소멸된다. 인간의 몸은 물고기의 몸과 마찬가지로 광범위한 네트워크로 구성돼 있다. 뇌, 신경계, 순환계 등의 네트워크가 대표적이다. 이런 구조를 다 떼어내 버리면 우리의 몸은 그저 화학물질을 담은 조그만 박스나 큰 물통에 불과할 것이다.

요소환원주의의 한계

● **분석과 종합의 한계** : 분석하기 위해 전체를 부분으로 나누는 순간 부분들 간의 되먹임 고리(feedback loop)가 사라진다.
  ex) 경영을 쪼개서 분석할 수 있는가?
  생체 분해 및 재결합이 가능한가?

점은 단독으로 존재하지 않는다

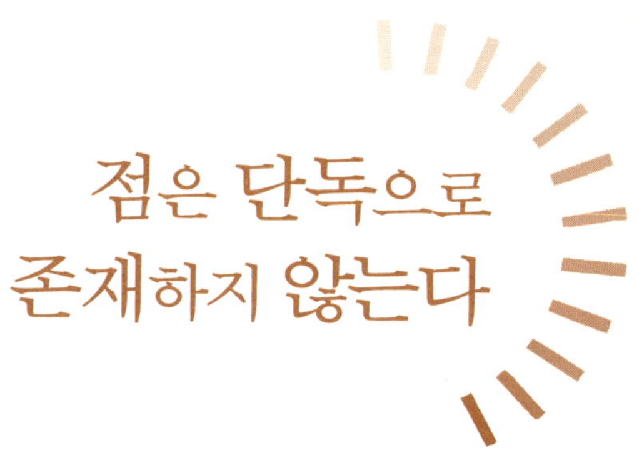

네트워크의 가치

연봉 5,000만 원짜리 직장인에게 왜 요소환원주의의 결함을 장황하게 설명할까? 그 이유는 지금 벌고 있는 5,000만 원의 가치가 고정돼 있지 않다는 점을 설명하기 위해서다. 우리가 벌고 있는 돈은 사회적 보상체계의 한 네트워크 속에서 지불되는 것이다. 물론 연봉은 몸담고 있는 기업의 생산성에 수렴하는 것이지만 일단 우리의 수중에 들어온 돈의 증식 가능성은 내 의지에 따라, 주변의 네트워크를 얼마나 활용하느냐에 따라 크게 달라진다(물론 네트워크만으로 돈이 증식되는 것은 아니다. 돈을 벌 수 있는 길은 실로 다양하기에 네트워크만으론 충분히 설명할 수 없다).

네트워크에는 정보와 지식이 집결된다. 우리는 틀이 꽉 짜인 사회 속에 놓여 있는 것 같지만 실은 열린 사회에서 살고 있다. 돈을 벌 수 있는 기회와 정보, 지식은 지금 이 순간에도 우리 주변의 네트워크를 따라서 흘러가고 있다. 그것이 결과적으로 주식·부동산 투자가 됐든, 아니면 미래의 어떤 가치를 위해 쓰여지든 언제 어디서든 기회는 있다. 우리 주변에서 20~30년을 월급쟁이로 살아도 수십억 원대 자산가로 재산을 불린 사람들을 흔히 볼 수 있는 이유도 그런 네트워크의 속성 때문이다.

이 같은 원리를 단순한 재테크 논리에 대입해도 마찬가지다. 10년을 만기로 할 경우 1년차에 저축한 1,000만 원의 가치는 10년 후에 이자에 이자가 붙어 적지 않은 목돈으로 불어난다(물론 그 반대의 경우도 발생할 수 있다). 똑같은 1,000만 원이라고 해도 상황에 따라 다른 것이다. 도중에 정기예금 이자보다 훨씬 수익성이 좋은 투자 대상을 만난다면 더 큰 수익을 올릴 수도 있다. 또 어떤 생각과 지식을 갖고 있느냐에 따라 1,000만 원의 쓰임새는 달라진다. 시장의 흐름을 꿰면서 확신을 갖고 있는 사람과 '친구 따라 강남 간다'는 사람의 수익률에는 차이가 있을 수밖에 없다.

먹잇감을 포착하는 포식자처럼 빠른 눈치와 날랜 걸음으로 움직이라는 것이 아니다. 우리에게 기회가 열려 있다는 것, 그런 기회가 네트워크를 타고 끊임없이 우리 주변을 지나가고 있다는 현실을 직시하라는 얘기다.

돈이 돈을 벌지 않는다

기본적으로 성공은 시간과 기회의 함수이다. 시간과 기회 모두 네트워크 속에서 기능해야 빛을 발하는 것들이다. 사실 외따로 떨어져서 하는 노력이 무슨 의미가 있겠는가. 네트워크를 확장하고 또 다른 네트워크에 진입하려면 눈과 귀를 열어야 한다. 결국 인생을 변화시키는 것은 보는 것과 듣는 것을 바꾸는 데서 출발한다. 눈과 귀가 달라지면 지금 당신이 갖고 있는 1,000만 원의 가치와 효용도 달라진다. 돈이 돈을 버는 게 아니다. 돈을 쓰는 사람의 생각과 판단이 또 다른 돈을 만들어내는 것이다. 수중의 돈이 어떤 모습으로 다른 네트워크와 연결되느냐에 따라 1억 원이 되기도 하고 100만 원이 되기도 하는 것이다.

돈만 그런 게 아니다. 우리가 현실에서 추구하는 많은 가치들도 네트워크 속에서 구현되는 것이다. 자신이 동원할 수 있는, 이용 가능한 네트워크가 많으면 많을수록 목표 달성을 위한 로드맵과 시나리오도 다양해진다.

전대미문의 불확실성이 지배하는 요즘, 개인이든 조직이든 생존의 문제만큼 더 절박한 것은 없다. 하지만 사람들이 걱정하고 두려워하는 것은 단지 살아갈 수 있느냐의 문제가 아니다. 어떤 모습으로 살아남아 있을 것이냐, 자신이 원하는 삶, 자신이 선호하는 가치를 얻을 수 있느냐는 것이다.

우리는 흔히 경쟁력을 강조할 때 타인을 제치고 압도하는 힘을 떠올린다. 하지만 진정한 경쟁력은 타인으로부터 빼앗는 것이 아니다. 자신의 정체성을 지키고 본연의 모습을 유지하는 데 필요한 힘이다.

삶의 여러 가치들이 시장의 경제적 재화처럼 희소성을 갖고 있는 것은 아니다. 오히려 계량화할 수 없을 정도로 무궁무진하다.

다시 요소환원주의를 극복하는 얘기로 돌아가자. 어떤 의미로든 우리 주변에 있는 모든 것은 중요하다. 실체가 있는 사물이든 아니면 삼각형이나 타원, 숫자 같은 형태로 존재하는 추상이든 말이다. 그것들 중 하나만 없어도 세계는 지금 우리가 살고 있는 것과는 전혀 다른 공간이 될 것이다.

▌관계가 있음으로 세상은 변화한다

철학자들은 이 세상에 존재하는 모든 것들을 '범주(category)'라는 영역에 집어넣는다. 실체, 양과 질, 관계, 양상 등이 대표적인 범주들이다. 그중에서도 관계(relation)는 가장 의미 있는 위치를 차지하고 있다.

만약 이 세상에 관계가 없다면 어떻게 될까. 그것은 마치 모든 군인이 부동의 자세로 서 있는 것 같은, 모든 사물이 아무런 연관성 없이 나열돼 있는 모양이 될 것이다. 당연히 변화라는 것도 없다. 관계가 있음으로 인해 세상은 변화의 역동성을 갖게 된다. 물체의 이동은 사물과 사물 사이의 공간적 관계의 변화다. 물이 끓거나 색깔이 변하는 식의 질적인 변화 역시 하나의 성질이 다른 성질과 맺고 있는 관계의 변화로 치환된다.

생명체의 탄생과 죽음 역시 관계에서의 변화다. 한 아이의 탄생은 부부관계를 변화시키고 부모의 죽음은 자식들의 관계를 변화시킨다.

천문학자는 태양과 행성의 본질을 연구하는 데 주목적을 두고 있지 않다. 지구가 태양을 어떻게 도는지, 행성과 행성이 어떤 함수관계를 맺고 움직여나가는지를 파악하고자 한다.

인간은 드넓은 우주 속에서 하나의 티끌(점)에 불과하다. 고독한 개체다. 하지만 우리는 우주 속에 덜렁 던져지고 버려진 것이 아니다. 점은 단독으로 존재하지 않는다. 점은 다른 점들과 의미 있는 관계를 만들며 생성과 변화, 쇠퇴와 소멸의 길을 걷는다. 인간이 속한 가정, 학교, 종교단체, 기업, 사회, 민족, 국가 등은 무수한 점들을 연결한 네트워크다. 이렇게 복잡다기한 그물망에 한 점으로 존재하는 인간은 네트워크의 객체이자 네트워크를 허물 수 있는 주체이기도 하다.

물분자는 홀로 있을 때 아무리 온도를 올려도 끓지 않는다. 운동에너지만 증대될 뿐 물분자의 성질은 변하지 않는다. 하지만 수백만 개의 분자가 모인 상태에서는 온도의 변화에 따라 새로운 성질을 획득한다. 즉 섭씨 100℃ 이상에서는 수증기라는 기체의 성질을 나타내고, 0℃ 이하에서는 얼음이라는 고체로 변한다. 분자와 분자가 부딪치고 상호작용한 결과다. 물분자처럼 우리는 네트워크에서 끊임없이 상호작용을 하는 가운데 자아를 실현하고 욕구를 충족시킬 수 있는 기회를 얻는다.

생산성과 구조주의

동창회에 나가보면 직장에 따라, 하는 일에 따라 소득이 천차만별이다. 하루에 똑같이 8시간씩 일하고 거의 엇비슷한 스트레스를 받는데도 말이다. 그래서 누구나 한번쯤은 자신의 직장이 제공하는 한심한 급여와 복지수준을 떠올리며 한숨을 지을 때도 많았을 게다.

그렇다면 진실로 그 이유는 무엇일까. 경제학자들은 그 기업의 생산성 격차로 설명한다. 자본주의 경제체제에서 임금이 생산성의 영원한 함수라는 것은 익히 알려진 사실이다.

하지만 생산성이 금전적 보상을 결정하는 완벽한 기준은 아니다. 동일한 경제권역에선 통할지 몰라도 국가의 경계를 넘어서면 또 다르다. 한국과 미국의 1급 소프트웨어 기술자가 동일한 급여를 받는 것은 아니다. 마찬가지로 현대중공업에서 가장 뛰어난 용접기술을 가진 근로자와 중국 최고의 기술자가 똑같은 대우를 받을 수는 없다. 조직, 기업 단위의 생산성은 국가 차원의 생산성, 글로벌 경쟁의 양상에 따라 다른 결과로 나타날 수밖에 없다.

경영학자들은 그런 격차를 네트워크의 가치로 설명한다. 예를 들어 한국 중소기업의 IT 엔지니어를 둘러싸고 있는 네트워크를 단순화시켜보자.

'개인의 기술-조직의 역량-해당 기업의 생산성과 경영능력-해당 업종의 경쟁력과 미래 비전-한국의 경제상황과 경쟁 여건-외국 경쟁기업들의 동향 등이 얼핏 눈에 보이는 하드웨어적 네트워크다. 여기에 실시간으로 변하는 환율-금리-유가-원자재 가격의 움직임이 변수로 따라붙을 것이다.

한 기업의 기술력과 가격경쟁력이 좋아도 환율 여건이 받쳐주지 않으면 글로벌기업으로 성장할 수 있는 힘을 키울 수 없다. 또 아무리 좋은 제품을 내놓아도 내수시장이 바닥권을 헤매고 있으면 기대했던 수익을 낼 수 없다. 이렇게 자신의 의지와는 관계없이 외부에서 주어진 네트워크에 포획돼 살아갈 수밖에 없는 현상을 철학자들은 '구조주의'라고 부른다.

구조주의에서는 인간(주체)의 모든 행동양식이 구조 내에서 결정된다. 구조는 한 인간, 특정 집단이 쉽게 바꿀 수 없는 객체가 된다. 하지만 구조주의를 반대하는 '실존주의'는 이런 숙명론을 단호히 거부한다. 구조는 궁극적으로 인간에 의해 만들어지는 것이며 인간의 의지와 욕망으로 바꿔나갈 수 있다는 것이다.

실존주의는 어떤 네트워크도 항상적으로 유지되지 않으며 탄생-확장-소멸을 반복한다. 한때 대한민국 샐러리맨들에게 최고의 직장이었던 대우와 종금사의 몰락은 그런 네트워크의 변화무쌍함을 그대로 보여준다.

여기에서 구조주의와 실존주의의 논리적 타당성을 따지고 싶지는 않다. 다만 지금 당신은 어떤 선택을 할 것인가의 문제를 제기할 뿐이다. 만약 당신이 지금 직장에서 능력에 비해 부당한 대우를 받고 있다면 선택은 두 가지다. 조금 더 나은 네트워크를 가진 다른 직장을 구하든가, 아니면 현 직장에서 새로운 성공 스토리를 쓸 것인가다.

만약 후자라면, 당신을 둘러싸고 있는 낡고 쓸모없는 그물을 버려야 한다. 부가가치의 원천인 지식, 기술, 스피드, 창의성이 가득 담긴 새로운 네트워크를 짜야 한다. 당신이 몸담고 있는 조직이나 기업의 취약함을 극복해나갈 수 있는 지혜와 비전을 확보해야 한다.

누구나 넷브레이커가
될 수 있다

▌신사임당과 조앤 롤링이 만나면

바닷가에서 조개를 줍는 소년이 있었다. 그 소년은 예쁜 조개를 바구니 가득 주워 아버지에게 가져다주었다. 아버지는 동유럽에서 박해를 피해 런던으로 건너온 유대인이었는데 차에 가득 물건을 싣고 다니며 파는 행상인이었다. 소년은 열 번째 아들이자 막내였다. 아버지는 막내아들이 주워온 조개를 가공해 이러저런 상품으로 만들어 팔았는데 그럭저럭 잘 팔렸다.

소년이 조개를 줍던 바닷가 저편에는 거대한 정유공장이 있었다. 세계 최대의 재벌 록펠러의 석유회사였다. 소년은 그곳의 높다란 굴뚝을 바라보며 사람들에게 말했다.

"훗날 나도 저런 석유회사를 차릴 거예요."

대부분의 사람들은 흘려 들었지만 소년은 한번도 그 꿈을 포기하지 않았다. 그리고 마침내 그 꿈을 이뤄 록펠러의 스탠더드 석유회사와 맞먹는 회사를 차렸다. 소년의 이름은 마커스 사무엘(Marcus Samuel) 이며 그가 차린 회사가 쉘석유회사(오늘날의 Royal Dutch Shell plc)이 다. 그 회사의 마크가 바로 조개이며, 회사 이름도 조개(shell)이다. 어 렸을 때 바닷가에서 줍던 조개를 잊지 않고 회사 이름에 그대로 사용 한 것이다.

아직 당신이 인생을 변화시킬 만한 기회를 맞지 못했다면 어찌할 것인가. 그대로 주저앉아 기다릴 것인가. 그래서 기회가 오지 않는다 고 한탄만 하고 있을 것인가. 당신이 만약 생계를 위해 바닷가에서 조 개를 줍던 소년이었다면 어떤 꿈을 꾸었을까?

현실에서 아무리 정당한 노력을 해도 성과를 내지 못하는 경우가 많다. 어쩌면 평생을 매달려 달려온 길이 아무런 공도 없이 허망하게 끝날 때도 종종 있다. 하지만 그런 불운 때문에 현실 속의 노력을 게을 리 한다면 세상에서 할 수 있는 일은 아무것도 없다.

다행히 세상은 끊임없이 변한다. 그 속에 수많은 기회와 가치가 살 아 숨쉬고 있다. 세상에 영원한 네트워크는 없다. 자신 또는 타인에 의 해 네트워크의 그물이 일순 찢겨져나갈 때 기회가 생기고 새로운 길이 열린다.

네트워크가 변하는 이유는 네트워크 내에 힘의 불균형이 존재하기 때문이다. 주식이나 부동산 시세에 불멸의 고정가격이 없는 이유도 불 균형으로 설명할 수 있다. 가격이라는 '카테고리'는 항상 과대평가되거나 과소평가된 상태로 있다. 오늘날의 네트워크가 과거 네트워크와 천양지차를 보이는 이유 역시 그 불균형이 지속적으로 네트워크를 개선하고 확장해온 데 따른 것이다.

조선시대 장영실은 노비의 아들로 태어나 온갖 핍박을 받았지만 당대 최고의 과학자로 청사에 빛나는 업적을 이뤘다. 신분제라는, 당시로선 감당하기 힘들었던 네트워크의 지배를 받았으나 홀로 떨치고 일어섰다.

5만 원권 지폐의 모델(?)로 등장한 신사임당 역시 남성과 여성의 차별이라는 경직된 사회구조에 심한 스트레스를 받았을 게다. 그녀라고 현실의 장벽을 피할 수 있는 비법을 갖고 있었을 리가 없다. 에디슨은 고작 3개월의 초등학교 경력과 귀가 들리지 않는 장애를 갖고 있었으나 불세출의 발명왕이 되었다. 미국의 철강왕 카네기는 우편배달부로 사회생활을 시작했고, 석유재벌 록펠러는 시골의 엉터리 약장수의 아들로 태어나 거부를 이룬 인물이다.

고난을 극복하고 위업을 이룬 인물들은 1,000페이지 책 한 권을 다 채울 정도로 넘쳐난다. 그런데 약속이나 한 듯이 그들에게는 공통점이 있다. 바로 가난한 집에서 태어났거나 엄청난 시련과 고난을 겪었다는 점이다. 부잣집에서 태어나 호사롭게 자란 사람은 케네디를 비롯해 몇몇에 불과하다.

그런 의미에서 조앤 롤링은 주목할 만한 인물이다. 《해리 포터 시리즈》로 전세계인을 사로잡은 조앤 롤링은 20년 전만 해도 도무지 먹고살 길이 없어 막막해하던 '싱글맘'이었다. 그러나 이제 그녀가 스위스에서 열리는 다보스포럼에 참석하면 세계 각지에서 유력한 정치인, 경제 거물, 문화계 인사, 인터넷 황제들이 주위로 몰려든다. 그녀가 그런 삶을 눈곱만큼이라도 상상이나 했을까?

그녀는 어떻게 해리 포터 스토리와 같은 무한한 상상력을 발동할 수 있었을까. 그녀의 영감은 하늘에서 떨어진 것일까. 틀림없이 그렇지 않다. 설사 그렇다 해도 그것은 1%에 불과했고 나머지 99%는 그녀의 몫이었다. 마법이라는 소재는 너무나 흔하디흔한 소재다. 마치 사랑만큼이나 흔하다. 그 흔한 소재로 그녀는 불세출의 작품을 만든 것이다.

롤링이 소설을 쓰기 위해 쏟아부은 시간과 섭렵한 책, 지식들은 실로 엄청나다. 어떤 시인은 시 한 편을 짓기 위해서는 100편의 습작을 해야 하고, 100편의 습작시를 짓기 위해서는 1,000편의 시를 외워야 하고, 1만 편의 시를 읽어야 한다고 말했다. 시 한 편이든 소설책 한 권이든 그만큼의 노력이 투하되지 않으면 진정한 작품이 되지 않는 것이다. 이는 어떤 일을 하든 마찬가지이다. 도공은 한 점의 도자기를 만들기 위해 수백 개의 도자기를 깨뜨리고 발명가는 하나의 발명품을 위해 수많은 시행착오를 거친다.

에디슨은 필라멘트를 만들기 위해 90가지의 재료를 테스트했으나 모두 실패했다.

조수가 "선생님, 이번에도 실패했습니다. 아무래도 필라멘트를 만드는 것은 불가능한 것 같습니다"라고 말하자 "자네는 왜 그걸 실패로 보는가? 안 되는 재료가 90가지나 된다는 것을 밝혀낸 성공이라네"라고 정정해주었다.

에디슨은 2,399번의 실패를 거쳐 드디어 2,400번째에 필라멘트를 만들어냈다. 그의 입장에서 보자면 2,399번의 실패는 작은 성공들의 행렬이었다.

다시 롤링에게 돌아가자. 그녀 역시 수년 동안의 눈물겨운 습작시절을 거쳤다. 스코틀랜드의 노상카페에서 커피 한 잔만 달랑 시켜놓고 하루 종일 주인의 눈치를 보며 책을 읽고 글을 썼던 것이다.

단순히 그녀가 노력을 많이 했다는 사실을 강조하려는 게 아니다. 일반인들로선 생각하기 힘든 지난한 고통을 견디며 상상력의 거미줄을 얽어나갔다는 게 포인트다. 그리고 그렇게 축적한 내적 역량을 분출함으로써 세상을 뒤흔들었다.

이 모든 사람들이 성공을 예감했을까. 그들이 타인들과 맺을 수 있는 관계는 어느 정도 정해져 있었다. 하지만 어느 순간 그들은 한계를 뛰어넘었다. 물론 장영실과 신사임당이 신분제와 남녀차별 구조 자체를 깨부순 것은 아니다. 그건 훨씬 뒤의 일이며 그들에게 주어진 역사적 소명도 아니었다. 여기서 중요한 대목은 누군가는 한계를 넘어서고 또 누구라도 넘어설 수 있다는 사실이다.

2009년 하버드 경영대학원을 찾은 조앤 롤링의 강연 내용도 이 글을 관통하는 포인트와 크게 다르지 않다.

이 세상을 바꾸는 데 마법의 힘은 필요치 않다. 상상력의 중요성에 눈을 떠야 한다. 상상력은 타인과 공감하는 힘이 있고 혁신과 창조의 원천이다. 고난에 직면하기 전까지 우리는 스스로를 완전히 알지 못하며 관계의 중요성을 깨달을 수 없다. 하지만 관계의 의미야말로 고통 후에 얻은 진정한 선물이자 그간 획득한 어떤 지위보다도 값진 것이다.

조앤 롤링이 강조한 '관계'의 의미는 세상 속에 존재하는 '나', 거대한 네트워크 속에서 숨쉬고 있는 자아의 발견 속에 있었던 것이다. 다시 강조하건대, 관계는 단일한 것으로 존재하기보다는 매우 복잡한 관계망의 한 부분으로서 존재한다. 즉 여러 관계들이 모여 그물을 형성하는 것이다. 시스템, 구조, 네트워크 등과 같은 말은 모두 이런 맥락을 함축한다.

사회적 관계는 인간이 만들어내는 것이다. 그렇지만 이미 만들어진 관계나 네트워크는 한 인간 또는 특정 집단이 쉽게 바꿀 수 없다. 관계가 짜여지면서 단단한 구조물로 바뀌기 때문이다. 같은 논리로 나의 미래는 다른 사람들의 미래와 긴밀한 관계를 맺을 수밖에 없다. 사회적 네트워크를 배제한 채 순수하게 홀로 꿈꿀 수 있는 미래는 없는 것이다. 예를 들어 지금 북한에 살고 있는 사람들과 대한민국 국민들이 그리는 미래가 같을 수는 없다는 얘기다.

조앤 롤링은, 신사임당은, 장영실은 이처럼 콘크리트처럼 공고하게 자신을 가로막고 있던 네트워크를 찢어버리고 스스로 네트워크의 중심으로 올라선 인물들이다. 심신수련과 같은 자신만의 성취에 젖어든 게 아니라 타인들의 삶에 영향을 주고 사회공동체에 변화의 바람을 몰고왔던 이들이다.

물론 보편과 특수를 혼동할 수는 없다. 특별한 개인의 사례를 일반화시킬 수 없다는 얘기다. 우리 모두가 조앤 롤링이 될 수는 없고 에디슨이 될 수도 없다(그렇다고 당신이 조앤 롤링이 되지 말라는 법은 없다). 하지만 우주 속에 하나의 먼지에 불과한 우리 모두는 누구나 외롭고 힘없는 존재로 출발한다. 때로는 우리를 포위하고 있는 단단한 네트워크 속에서 옴짝달싹할 수 없다는 절망감에 사로잡혀 있을 때도 있다. 중요한 포인트는 누군가는 고독한 객체로서의 삶을 떨쳐내고 네트워크의 주체로 살아간다는 점이다.

▌임창정의 착오

1992년 당대 최고의 여배우인 킴 베이신저에게 새로운 영화의 여주인공으로 출연해달라는 캐스팅 제의가 들어왔다. 그 영화는 〈원초적 본능〉이었다. 그런데 킴 베이신저는 이 제의를 거절했다.

"너무 난잡해서 인기가 없을 것 같아요."

그 자리를 대신 차지한 여배우는 샤론 스톤이었다. 그 전까지 그리 이름이 널리 알려지지 않았던 샤론 스톤은 이후 일약 세계 최고의 섹시스타로 발돋움했다. 우리나라에도 이런 예는 참으로 많다. 2008년 10월, TV에 출연해 씁쓸한 추억을 밝힌 영화배우 겸 가수 임창정도 그중 한 명이다. 그는 〈색즉시공〉 등을 만든 윤제규 감독의 모든 영화에 출연했는데 단 한 작품만은 출연을 고사했다. 그 영화가 바로 1,000만 관객을 동원한 〈해운대〉이다.

성공과 실패는 어이없이 엇갈릴 때가 많다. 눈에 빤히 보이는 것 같아도 성공은 신기루처럼 멀리 달아난다. 세상은 기본적으로 불안정하고 불규칙적이다. 그것이 역전의 자리바꿈을 가능케 하는 이유다. 중심과 변방은 결코 고정돼 있지 않다. 세상은 돌고 돈다는 말은 정말 명언이다.

지금 당신은 스스로 불행하다고 생각하는가. 또는 노력에 비해 지독하게 운이 따르지 않는다고 한탄하는가. 그런 생각과 한탄은 삶에 아무런 도움이 되지 않는다. 관계와 네트워크, 그 속에 한 점으로 살아가는 인간 존재의 역동성을 떠올려보라. 불균형의 틈새를 파고들어야 한다. 그 길이 장사를 하는 사람에겐 틈새시장일 수 있고, 대기업을 운영하는 경영자에겐 블루오션일 수도 있다.

자신을 옥죄고 있는 네트워크를 탈출하려면, 아니 스스로의 힘으로 찢어버리려면 대가를 치러야 한다. 바로 쉴 새 없이 생각하고 움직여야 하는 고통이다. 고통을 회피하면 영원히 그 자리를 벗어날 수 없다.

그렇다면 고통의 본질은 무엇인가. 미래에 대한 불안이다. 미지의 세계에 대한 자신감의 결여다. 노력해도 안 될 수 있다는 절망감이다. 이 모든 고통들은 일차적으로 탐색과 학습부진에서 야기된다. 단순히 책상머리에 앉아서 하는 공부를 얘기하는 게 아니다. 문제가 있으면 해결해야 하고, 반드시 해결할 수 있다는 자세가 중요하다.

만약 지금 당신이 고통스럽지 않다면 스스로 자신의 위치를 돌아볼 필요가 있다. 둔한 사람은 고통을 느끼지 못한다. 스스로 각성하지 못하는 인간은 항상 안일한 일상의 만족감에 젖어 있다. 이미 학습한 일을 반복하고 있기 때문이다. 고통은 자초하는 것이다. 스스로 고난의 길을 선택해야 한다. 그래야만 미지의 세계를 향해 자신을 던지고 도전할 수 있다. 미래를 보장받고 편하게 살 수 있는 길은 없다. 그런 인생은 없다.

▌당신은 허브인가

아무리 노력해도 잘 안 된다는 사람은 자신의 자세를 진지하게 되돌아볼 필요가 있다. 노력은 상대적인 것이다. 타자와의 관계 속에서, 끊임없이 생성과 소멸을 거듭하는 네트워크에서의 역할과 비중에 따라 그 가치가 달라진다.

네트워크는 결코 평면적이지 않다. 균형잡힌 질서를 갖고 있는 것도 아니다. 네트워크에는 '허브(hub)'가 존재한다. 소규모 동창회 조직에도 연락과 모임의 중심 역할을 하는 사람들이 있다. 그들이 허브다. 우리는 흔히 그들을 마당발이라고 부른다. 허브는 네트워크를 유지하고 발전시키는 중심이다. 우리 몸으로 치면 물분자나 가수분해를 이용해 에너지를 방출하는 ATP(아데노신 3인산)처럼 신체 내의 어떤 화학반응에도 작용하는 '약방의 감초' 같은 것이다. 항상 1만 대 이상의 항공기가 하늘에 떠 있다는 미국으로 치면 시카고, 댈러스, 덴버, 애틀랜타, 뉴욕 같은 곳이 허브 공항이다.

허브의 존재는 곧 네트워크에 불균형이 존재한다는 것을 의미한다.

모든 물질이 공간에 균등하게 분포되어 있다면 별이나 생명체는 생겨나지 않았을 것이다. 인간의 다양한 문화 역시 시간과 공간이 갖고 있는 불균형의 산물이다. 거꾸로 말해 완벽한 균형은 더 이상 변화의 여지가 없는 상태를 의미한다. 하지만 그런 세계는 없다.

네트워크의 허브 자리는 복잡하게 변화해나가는 환경에서 새로운 변화를 창출하고 정보와 지식과 영감을 모으고 축적한다. 이들은 언제나 인간사회를 움직여나가는 공간이었으며 하부 관계들의 끊임없는 상호작용을 통해 스스로 무너지고 새로 만들어지는 진화를 거듭해왔다. 변화의 속도가 빨라질수록 한때의 허브가 주변으로 밀려나거나 한때의 변방이 네트워크의 중심으로 치고 올라가는 양상은 더욱 빈번해지고 때로는 격렬해질 것이다.

스스로 허브가 되겠다고 생각하라. 바로 그 순간부터 당신의 생각과 행동이 달라진다. 실제 허브가 되는 일이 쉽지는 않다. 하지만 그렇다고 평생 허브만 쳐다보며 변방을 살아간다는 것 또한 끔찍하지 않은가. 허브의 흥망은 네트워크에 존재하는 불균형이 어떤 방식으로 해소되고 파괴되느냐에 달려 있다.

원하는 것을 얻기 위해 노력하려면 우선 자신이 속한 네트워크에 어떤 허브들이 명멸하고 있는지를 살펴야 한다. 법과 제도, 사회구조 역시 이런 명멸 속에서 변화한다는 사실을 자각해야 한다. 따라서 노력의 방향이 허브의 이동축, 다시 말해 관계 변화의 중심축을 따라가고 있지 못하다면 원하는 결과를 얻어내기 어렵다. 많은 이들이 세상의 흐름을 공부해야 한다고 강조하는 것도 이 때문이다.

한국의 사법시험 제도만 해도 그동안 얼마나 많은 변화를 겪었는

가. 합격의 가치만 놓고 보면 과거 100명, 300명씩 합격자를 배출하던 시절과 1,000여 명을 뽑으며 개방형 로스쿨 제도까지 도입한 요즘을 비교할 수는 없다. 판·검사가 위세를 부리던 옛날을 기억하는 시골 노인들은 여전히 손자들에게 사법시험 도전을 권한다. 하지만 손자들의 눈에는 판·검사보다 더 즐겁고 보상이 많은 일자리들이 넘쳐난다. 직업으로 판·검사가 갖는 가치 역시 상대적으로 퇴조했다.

자기기만적인 노력의 한계

허브의 중심축을 향해 끊임없이 돌진하는 것만이 성공적인 인생에 가까이 가는 길이라고 단정할 수는 없다. 인간은 윤리적 존재이기도 하기 때문이다. 허브의 바깥에는 소외되고 배제된 불평등이 존재하고 있다. 그 자체로 불균형이기도 한 이런 불평등을 해소하기 위해 노력하는 삶도 대단히 가치로운 것이다. 실제 새로운 삶의 양태를 만들기 위해 네트워크에 존재하는 소외와 결핍의 구멍을 메우는 이들이 무수히 존재하고 있다. 인권, 환경, 평화 등과 같은 보편적인 가치 구현에 인생을 던지는 사람들이다.

인도의 가난한 천민들을 위해 평생을 헌신한 마더 테레사, 그녀는 자신의 온몸을 바쳐 그렇게 힘들게 일하지 않아도 되었었다. 그저 평범한 수녀로 살았을 수도 있었다. 그렇게 보통의 삶을 살았더라면 편안하기는 했겠지만 삶에 의미는 없었을 것이다. 또 그 이름을 역사에 남기지도 않았을 것이다. 아프리카로 건너간 슈바이처 역시 마찬가지이다. 그는 의사, 철학자, 음악가였다. 유럽에서 부를 누리며 평생을 안락하게 살 수도 있었다. 그러나 그는 그렇게 하지 않았다. 말콤 X와 마틴 루터 킹은 흑인의 인권향상을 위해 투쟁하다가 둘 다 피살당했다. 소외와 결핍을 없애기 위한 꿈에 생명을 바친 것이다.

그러나 모든 사람이 이런 삶을 살 수는 없다. 평범한 보통 사람들은 평범한 삶을 유지해나가야 이 세상이 조화로워진다. 이때 중요한 것은 뛰어나지는 않더라도 낙오하지는 말아야 한다는 점이다. 평범한 사람이 세상에 낙오하지 않는 방법은 허브에서 멀어지지 않는 것이다. 허브의 흐름과 변화에 대한 인식과 자각을 지녀야 하는 것이다.

어떤 가치를 추구하든 자기기만적인 노력은 곤란하다. 대부분의 '노력가' 들이 중도에 좌절하고 절망하는 이유는 자신이 바친 시간과 노력이 충분했다고 여기기 때문이다. 노력의 방향, 즉 삶의 전략과 전술에 대해서는 좀처럼 고민하지 않는다. 하지만 다시 예를 들어보자. 사법시험 합격을 위해 단순히 공부시간만 늘리면 되는가? 출제경향과 법조계의 고민, 관련 서적들에 대한 탐색이 선행돼야 한다. 합격하고 낙방한 사람들의 경험담도 들어야 한다. 진정한 혁신은 자기기만을 깨부수는데서 시작된다.

따지고 보면 세상은 온통 궁금한 것투성이다. 스스로 고민하고 탐구하고 학습해야 할 영역은 바다처럼 넓고 겨울 산맥의 골짜기처럼 깊다. 주민등록번호 문제만 해도 그렇다. 오늘날 우리는 이 13개의 번호를 갖고 있는 것을 너무나 당연하게 여긴다. 하지만 왜 그래야 하는지를 진지하게 고민하는 이들은 별로 없다. 그런데 주민등록번호는 그저 자연적으로 '주어진' 것인가? 그렇지 않다. 과거 그런 번호가 없던 시

대도 있었다. 언제 누가 어떤 이유로 그런 제도를 만들었는가를 밝혀
내는 것이 현대사회의 네트워크를 학습하는 중요한 출발일 수 있다.
나아가 인간을 규율해왔던 과거와 현재의 네트워크, 앞으로 출현하게
될 새로운 네트워크의 양상을 통찰하는 기회를 가질 수 있는 것이다.

그들은 어떻게 CEO가 되었을까

실력과 운

'운칠기삼(運七技三)'이라는 말을 믿는 사람들이 많다. 성공이든 출세든 실력보다는 운이 더 중요하다고 믿는 것이다. 꼭 70%라는 숫자를 믿는 것은 아니지만 어떤 일의 성공에는 반드시 운이 어느 정도 따라줘야 한다는 것이다. 이 말에는 또 용케 성공에 이르는 좁은 길을 찾아낸 이들을 시샘하는 심리도 작용하고 있다고 봐야 한다.

요즘에는 이 속설이 더욱 진화해 '운 11 기 −1'이라는 표현까지 나왔다. 아예 실력이 형편없어도 운만 따라주면 성공할 수 있다는 의미이다. 땀과 노력의 성과가 잘 드러나지 않는 불황기의 냉소적이고 황폐화된 심리가 물씬 배어 있는 반어법이기도 하다.

그런데 정말 운은 어느 정도 중요한 것일까. 실제 성공한 사람들이 체감하는 운의 무게는 얼마나 될까. 그동안 필자가 만나본 대기업의 성공한 CEO들은 한결같이 "운이 좋아서 지금 자리까지 왔다"고 말한다. 겸양의 미덕을 표현한 말이지만 실제로 그렇게 생각하는 이들도 적지 않았다.

하지만 막상 당사자들의 성장 로드맵을 들여다보면 정말 만만찮은 여정들이 드러난다. 어려운 문제를 하나 해결하고 나면 또 다른 난제들이 주어지고, 어느 분야에서 전문성을 쌓고 나면 한번도 경험해보지 않았던 분야의 새로운 업무가 맡겨지는 식이었다. 이들은 또 당연한 것을 당연히 여기지 않았으며 항상 새로운 시도를 할 자세와 의지를 갖고 있었다. 사실 이렇게 스스로 성장하는 기회를 갖지 않았더라면 CEO에 오를 만한 역량을 갖추는 게 불가능했을 것이다.

우리나라 기업을 일군 창업인들, 기업을 물려받아 더 크게 확장한 2세들은 모두 한결같이 험난한 과정을 겪었다. 그 누구도 손쉽게, 하루아침에 뜻을 이루고 기업을 세운 것이 아니다. 수많은 시행착오와 잠을 이루지 못하는 고민과 좌절을 겪은 후에야 오늘날의 기업을 만든 것이다. 현대가를 세운 정주영, 삼성가를 세운 이병철 두 사람만 보아도 그렇다. 그 옛날 그들이 사업을 시작했을 때 그들은 거의 빈손이었다. 물론 이병철은 지주의 아들이었지만 그가 사업을 시작했던 시절 우리나라는 거의 황무지에 가까웠다고 해도 과언이 아니다. 그럼에도 그들은 끊임없는 개척정신으로 미래를 향해 나아갔다.

강행군의 연속이 아니면

반도체, TV와 휴대폰을 포함해 삼성전자의 7개 사업부를 총괄하고 있는 최지성 사장은 인문계 출신(서울대 무역학과)이다. 놀라운 사실은, 그가 매출 130조 원짜리 거대 기업의 단독 대표이사라는 점이다. 지금껏 삼성 내 어느 CEO도 이만한 권한과 위상을 지닌 적이 없었다. 공과대학 출신들이 각 사업부의 요직을 점령하고 있는 조직 분위기에서 최 사장이 승승장구할 수 있었던 이유는 스스로 전문성을 키우려고 끊임없이 노력했기 때문이다.

그는 요즘 수원사업장을 방문하는 외국인 바이어들의 공식 프레젠테이션 요청을 거절한다. 의아해하는 바이어들은 최 사장과 마주 앉은 지 10분만 지나면 그 이유를 알게 된다. 세계경제의 거시적 흐름에서 첨단기술의 미시적인 동향에 이르기까지 막힘이 없는 최 사장의 식견과 전문성은 여느 화려한 프레젠테이션보다도 더 호소력이 있기 때문이다.

최 사장이 어떤 경로로 현 위치에 도달했는지를 보여주는 이야기 한 토막을 들어보면 '운칠기삼'이란 말은 그야말로 부질없는 우스갯소리에 지나지 않는다는 것을 알 수 있다.

1977년 삼성에 입사한 그는 1985년 그룹 비서실에서 삼성반도체통신(현 삼성전자의 반도체사업 부문)의 프랑크푸르트 사무소장으로 발령이 났다. 소장이라고는 하지만 1명의 직원도 없는 단신 부임이었다. 처음 독일에 도착한 날, 64KD램 칩 1만 개가 들어 있는 박스 3개가 사무실에 놓여 있었다. 첫 임무로 자신이 팔아야 할 제품이었다. 어디서

부터 영업을 시작해야 할지 몰라 한숨만 길게 나왔다. 할 수 없이 현지 전화번호부에서 '전자'와 'PC'라는 상호를 찾아 무조건 전화를 돌렸다. 동시에 총 1,000쪽에 달하는 영문 반도체 책을 구해 관련 이론과 지식을 통째로 외웠다. 제품을 이해하지 않고서는 제대로 영업을 할 수 없다고 판단했기 때문이다.

최 사장의 영업은 상상을 초월하는 강행군의 연속이었다. 한번 길을 나서면 왕복 1,200km가 넘는 여정이 다반사였다. 프랑크푸르트에서 프랑스 파리나 이탈리아 토리노 인근의 이브레아로 가는 출장이 특히 잦았다. 저녁 9시께 출발해 밤새도록 달리면 아침에 목적지에 도착했다. 비즈니스 시간대에 사람들을 만나 업무를 보고 저녁에 다시 차를 몰아 독일로 돌아오는 생활이 반복됐다. 무박 2일짜리 출장이었던 셈이다. 운전 중 졸리는 것이 겁나 밥도 제대로 먹지 못했다. 1986년 한겨울엔 이탈리아로 가기 위해 알프스산맥을 넘던 중 차가 눈길에 미끄러져 반파되는 사고를 당하기도 했다.

최 사장은 스스로 이 시기를 "참으로 결사적으로 살았다"고 회고한다. 이 같은 각고의 노력 덕분이었는지 최 사장은 유럽 진출 첫해에 혼자서 100만 달러어치의 반도체를 팔았다. 이듬해는 500만 달러, 그 다음해는 2,500만 달러, 또 그 다음해는 1억 2,500만 달러어치를 팔아 해마다 500%씩 판매를 신장시켰다.

물론 최 사장만이 이런 일을 해낼 수 있었을 것이라고 주장할 수는 없다. 최 사장만 한 인재는 삼성그룹 전체를 비롯해 우리나라 기업에 얼마든지 많으리라 생각한다. 관건은 어떤 위치에서 힘든 임무가 주어졌을 때 누군가는 하고, 누군가는 그렇지 못하다는 것이다. 그리고 하나의 과제를 훌륭하게 수행했다 하더라도 다음 임무까지 잘 해낼 수 있다는 보장은 어디에도 없다.

시간이 흐르면서 양상을 달리하면서 던져지는 과제들은 늘 또 다른 솔루션을 요구한다. 이런 과정을 통해 수많은 솔루션을 갖게 되는 사람은 그 자체로 '해결사'의 역할과 역량을 갖게 된다.

김우중의 성공과 실패

이제 한때 친구 녀석의 우상이었던 김우중 전 대우 회장의 성공과 실패를 들여다보자. 샐러리맨의 신화로 일어서 속절없이 패망하기까지 모든 것이 전광석화처럼 지나갔기에 그의 인생 여정은 드라마 그 자체다.

강행군이라면 어느 누구에게도 뒤지지 않을 인물이었기에 '킴기즈칸'으로 불렸던 인물, 위기를 기회로 삼아 한국경제의 근대화 모델을 정면으로 돌파했던 불세출의 기업가, 천부적인 상재(商才)와 명석한 두뇌로 창업 30여 년 만에 자본금 500만 원짜리 기업을 세계 500위권에 진입시킨 신화창조의 주역, 그러나 예고 없는 외환위기에 한때 재계 2위 자리까지 차지했던 그룹이 풍비박산 나고 오랜 세월 해외를 떠돌았던 불운의 기업인 등이 그를 설명하는 수식어들이다.

비록 그룹은 해체되고 김우중은 실패한 기업인으로 남게 됐지만 많은 사람들은 그가 지녔던 불굴의 도전정신과 세계경영의 기치 아래 유라시아를 질주하던 기업가적 기상을 기억하고 있다.

젊은 시절, 중동 사막의 텐트에 참모들을 모아놓고 "나는 정글이나 사막에서 일하기를 좋아한다. 왜냐하면 그곳에는 높은 이익을 낼 수 있는 가능성이 있기 때문이다. 만일 우리가 절반 정도만 성공한다고 해도 우리는 이익을 남길 수 있다"고 얘기하던 패기와 열정을 결코 잊을 수 없는 것이다. 그렇기에 그가 당대에 이뤄낸 성취와 실패, 도전과 절망을 지금의 잣대로 섣불리 평가할 수는 없다.

김우중은 이병철 삼성 회장이나 정주영 현대 회장처럼 상점이나 싸전 등 개인장사로 돈을 번 뒤에 기업을 시작한 것이 아니라 젊은 나이에 근대적 의

미의 기업 설립을 통해 경영에 투신한 인물이다. 31세의 젊은 나이에 수출전문형 기업을 일으켜 국가 기간산업을 키우고 세계경영을 주창하며 가장 먼저 해외로 달려 나갔다는 점에서 그의 기업가적 여정은 여느 창업주들과 차별화될 수밖에 없다.

'도전-창조-희생'으로 대변되는 대우의 기업정신은 한국경제의 시대정신 그 자체였으며 아프리카나 동남아 밀림의 오지, 불면의 열대야 속에서 독충들과 싸워야 했던 수많은 대우맨들의 신념이기도 했다.

김우중의 해외 개척이 갖는 의의는 해외 지향의 기업활동이 과거 국내 기업들의 대외무역이 보여주었던 것처럼 수동적인 수준이 아니라 적극적이고 능동적인 개척이었다는 점에 있다. 다시 말해 모든 여건이 갖춰진 상황에서 손쉬운 해외 진출을 시도한 것이 아니라 가장 힘든 여건 아래서, 남들이 생각하지 못하는 분야에 도전해 목표를 이룬 것이다.

국내 기업으로는 최초로 종합상사 제도를 과감하게 도입한 것과 1990년대 전인미답의 동구권 시장에 눈길을 돌린 것은 모두 궤를 같이하는 김우중의 해외지향적 사고와 경영전략에서 비롯된 것이었다. 그는 1년에 200일 이상 해외에 머물며 비행기에서 새우잠을 자고 비서가 넣어주는 안약에 화들짝 놀라 새벽잠을 깼다. 아무도 쳐다보지 않던 부실기업에 눈을 돌려 그곳의 근로자들과 숙식을 함께 하며 기어코 정상화를 일구었다.

아프리카 무역 현장에서 열대과일을 수입하자고 제안하던 직원에게 "소비재나 수입하자고 무역을 하는 것이 아니다"라고 일갈할 수 있는 사람을 또 어디서 찾아볼 수 있을까.

어느 연구원의 작은 혁명

▍술집에 모인 엔지니어들

인류 역사상 가장 뛰어난 천재 중의 1명으로 손꼽히는 아인슈타인은 수학과 과학에 탁월한 과학자였으면서도 바이올린 연주에 조예가 깊었다. 그는 1922년 일본을 방문했는데 도쿄 임페리얼호텔에서 부인과 함께 바이올린 연주를 하기도 했다. 그는 예술가에 깊은 존경심을 품고 있었다.

그가 노벨상을 받은 후 어떤 사람이 "어떻게 그렇게 훌륭한 일을 하셨나요"라고 칭찬을 하자 그는 겸손하게 대답했다.

"뉴턴이 아니더라도 누군가는 만유인력의 법칙을 발견했을 것이고, 내가 아니더라도 누군가는 상대성이론을 발견했을 것입니다. 그런데 모차르트의 음악이나 피카소의 그림은 그 사람들이 아니면 탄생하지 않았죠. 전 예술가들이 더 훌륭하다고 생각합니다."

아인슈타인은 괴짜이면서도 이처럼 겸손한 인물이었다. 여기서 우리는 한 가지를 생각해볼 수 있다. 과연 아인슈타인이 아니었어도 누군가는 상대성이론을 발견했을까? 빌 게이츠가 아니더라도 누군가 윈도우프로그램을 발명했을까? 어쩌면 그랬을 것이다. 그 사람이 당신이었을 수도 있다. 단, 그것의 가치를 통찰하고 타이밍이 맞았더라면.

직장인들은 항상 조직 단위로 일을 하는 것처럼 보이지만 실제 조직을 움직이고 변화를 불러일으키는 주체는 개인이다. '개인플레이하지 마라' 는 상사의 질타는 조직 단위의 협력을 게을리 하지 말란 뜻이지, 더 나은 문제해결 능력을 배양하기 위한 개인적 노력을 폄하하는 것이 아니다.

1979년 일본 후지쯔의 연구원 시노다 츠타에는 컬러 PDP(plasma display panel)를 개발하겠다는 아이디어를 냈다. "TV를 벽에 걸 수는 없을까" 하는 고민에서 나온 것이었다. 하지만 연구 활동에 너무 몸을 혹사시킨 나머지 병원에 입원하는 불상사가 발생했고 연구 프로젝트는 중지됐다. 2년 후에 건강을 회복해 출근했지만 그의 보직은 연구부서에서 생산지원부서로 변경됐다.

그래도 츠타에는 부서장을 졸라 연구를 계속하겠다는 뜻을 밝혔다. 부서장은 난감했지만 도와주기로 했다. 고유 업무를 줄여주고 약간의 예산지원도 했다. 상하가 꽉 막힌 당시 조직문화에선 무척 이례적인 일이었다. 하지만 회사의 공식 프로젝트가 아니었던 만큼 츠타에는 시제품조차 만들 수 없을 정도로 어려움을 겪었다.

그는 회사 인근 술집에 수시로 사내 엔지니어들을 불러모았다. 그러고선 "벽걸이 TV를 만들어 세계를 놀라게 하자"고 호소했다. 브라운관 TV가 시장을 주름잡던 1980년대 중반이었다. 그런 식으로 외주업체에도 부탁을 했다. 츠타에의 강한 의지에 감명을 받은 일부 직원들과 외주업체는 시제품 제작을 돕기 시작했다. 각각 해직과 거래 중단을 각오한 행동이었다.

중간에 제작 비밀이 새어나가 몇몇 중역들로부터 경고를 받기도 했지만 이번엔 또 다른 이들이 도움을 주었다. 오랫동안 그의 연구를 반대했던 상사들이 예산지원을 늘려주며 '바람막이' 역할을 해줬던 것이다. 그 결실이 1992년 세계 최초로 개발된 PDP였다. 이듬해 뉴욕증권거래소는 이 PDP를 객장에 내다걸었다.

츠타에는 2006년 '전자기술 혁신에 선구적인 역할을 담당했다'는 공로를 인정받아 국제전기전자기술자협회(IEEE)로부터 명예회원 자격을 받았다. 세계 전자업계 엔지니어들에게 최고의 명예이자 지난 2008년 윤종용 삼성전자 고문이 받았던 바로 그 자격이다.

▌개인의 중요성을 폄하하지 마라

단지 츠타에만 있는 게 아니다. 자신의 일에 고집스럽기로 정평이 난 빌 게이츠가, 스티브 잡스가 없었더라면 오늘날 지구촌의 정보기술 환경은 어찌 됐을까. 현대기술의 발전 속도에 비춰볼 때 누군가는 그들의 역할을 대행했을 수도 있다. 하지만 과연, 절대적으로 그렇다고 자

신할 수 있을까? 똑같은 질문으로 이건희 삼성 회장이 선대 회장으로
부터 그룹을 물려받아 '국내 1위'에 안주해버렸더라면 오늘날 한국의
전자산업은 어떤 길을 걷고 있을까. 삼성이라는 회사는 계속 존재했겠
지만 세계 속의 삼성은 존재하지 않았을 것이다.

물론 이런 사안은 거창하게 역사관의 문제로 귀결될 수도 있다. 한
가지 분명한 사실은 세상을 바꾸는 일에 있어서 개인의 중요성을 결코
폄하할 수 없다는 점이다.

1909년 미국의 통신사 AT&T에 근무하던 한 통계학자가 회사에 보
고서 한 장을 올렸다. 당시 늘어나는 전화 통화량과 미국 인구증가율
전망에 대한 것이었다. 이 학자는 이를 토대로 1925년이 되면 미국의
모든 여성이 전화교환원으로 근무해야 폭증하는 전화 수요를 처리할
수 있을 것이라는 결론을 제시했다. AT&T는 즉각 자동전화교환기 개
발에 나섰고, 2년 만에 자동화 설비를 설치하는 데 성공했다. AT&T는
이를 발판으로 미국 통신시장을 석권했다.

1931년 5월 13일은 프록터앤갬블(P&G)에 기념비적인 날이다. 닐
맥엘로이(Neil McElroy)라는 홍보부서의 신입사원이 '한 장을 넘겨서는
안 된다'는 사내 금기를 깨고 무려(?) 석 장짜리 보고서를 올렸던 것이
다. 요지는 상품별로 독자적인 마케팅팀을 운영하자는 내용이었다. 요
즘 경영기법으로 보면 그리 대단할 것도 없는―어찌 보면 하찮은―내용
이지만 전사 차원의 마케팅 외에는 변화를 시도하지 않던 당시로선 꽤
혁신적인 생각이었다. 신입사원의 아이디어를 받아들인 P&G는 미 전
역에서 대성공을 거두며 확고한 브랜드파워를 확립했다. 요즘 LG전자
등의 국내 대기업들이 마케팅부문 영입 1순위로 P&G 출신을 꼽는 것

도 이런 역사적 맥락과 무관하지 않다.

그런데 이런 사람들이 없었더라면 AT&T와 P&G의 기업 역사는 어떻게 달라졌을까. 20세기 들어 급변한 산업사를 살펴보면 누군가는 자동교환기 개발과 사업부별 마케팅에 대한 아이디어를 고안해냈을 것이다. 단지 시간과 기회의 문제였을 수 있다.

▌방아쇠를 당겨라

되풀이 강조하지만 가장 중요한 점은 누군가는 시도했고 이뤄냈다는 점이다. 지금 이 순간에도 수많은 사람들이 뭔가를 골똘히 생각하며 주변 네트워크와의 접목과 확장을 시도하고 있다. 물론 단 한번의 시도로 대변화를 몰고올 가능성은 무척 희박하다. 그러나 한번 실패했다고 해서 그 다음에 도전하지 않으면 그는 영원한 패배자가 된다.

계속해서 도전하는 것 외에는 왕도가 없다. 칠전팔기(七顚八起)는 고사에만 존재하는 것이 아니다. 권투선수 홍수환은 4전 5기의 신화를 남겼다. 그는 '지옥에서 온 악마'라는 별명으로 유명한 파나마의 헥토로 카라스키야에게 네 번이나 다운을 당했지만 다시 일어서 도전이란 무엇인가를 우리나라 국민의 가슴에, 그리고 전세계인의 가슴에 심어주었다.

앞에서 예를 든 많은 인물들도 한때는 우리와 같은 한 점에 불과했다. 고독한 개체였다. 하지만 조직이나 집단의 역량은 개체의 총량이 아니다. 네트워크의 시너지는 개체가 어떻게, 어떤 모습으로 연결되느냐에 달려 있다. 만약 조직이 점들의 단순한 연결에 그쳤다면 작은 조직은 절대로 큰 조직을 이길 수 없다. 작은 기업은 결코 큰 기업을 이기지 못하고 약소국가는 죽었다 깨어나도 대국과 맞짱을 뜨지 못한다. 하지만 현실은 항상 그렇지 않았다. 기업들은 끊임없이 자리바꿈을 하고 있으며 근대 패권국가들 역시 부침을 거듭했다.

특정 개인의 생각이나 구상이 조직에 채택되고 그것이 사회와 경제의 흐름을 바꾸기까지는 험난한 과정을 거쳐야 한다. 또 아이디어가 활짝 필 수 있는 주변 여건이 성숙돼 있어야 한다. 내적으로 혁신하겠다는 의지가 충만하고 외부 시장 환경이 받아들일 준비가 돼 있어야 한다는 얘기다. AT&T의 비약적 성장은 전화 인구의 폭발적인 증가를 기반으로 한 것이었고, P&G의 혁신은 포드로부터 촉발된 사업부별 마케팅제의 위력이 경영 일선에서 공감을 얻고 있었기 때문에 가능했다.

창발적인 아이디어는 네트워크의 자율적인 자기조직화를 통해 네트워크에 축적된 정보와 지식, 상상력을 흡수하며 확장된다. 그 결말이 기존 네트워크의 질적 전환으로 나타날 수도 있고 그렇지 못할 수도 있다. 하지만 누군가는 방아쇠를 당겨야 한다. 새로운 생각, 새로운 시도의 출발은 언제나 개인의 몫이다. 그리고 그 결실은 그대로 개인에게 다시 돌아간다. 성취와 보람일 수도 있고 명예나 금전적 보상일 수도 있다.

이런 경험을 할 수 있는 사람과 그렇지 못한 사람, 어쩌면 우리네 인생은 이렇게 엇갈릴지도 모른다. 해도 안 된다고, 아예 할 수 없다고 생각한다면 어쩔 수 없는 일이다. 하지만 어차피 욕망으로부터 자유로울 수 없다면 한번 덤벼드는 것이 낫지 않겠는가. 그리고 시도하지 않

는다면, 도전하지 않는다면 그토록 길고 지루한 인생을 무엇으로 메우
겠는가. 츠타에가 그랬던 것처럼 당신의 새로운 미래를 건설하는 출발
은 의외로 간단하다. '나부터, 지금부터, 작은 것부터 바꾸자'로 요약
된다.

베이징 나비의 작은 날갯짓이 뉴욕에 태풍을 몰고 온다는 유명한
'카오스이론'도, 사실은 지금 이 순간 누군가의 작은 생각이 네트워크
특유의 전파력과 증폭을 통해 조직과 사회를 바꾸고, 다시 자신의 삶
을 바꿀 수도 있다는 사실을 은유하고 있는 것이다.

Net Breaking

3장

창의성의 비밀

"창조적인 예술가는 그 전의 작품에 만족하지 않기 때문에
다음 작품을 만든다."
– 쇼스타코비치

아버지와 딸이 있었다. 명문 케임브리지대학을 우수한 성적으로 졸업한 아버지는 위대한 문학가를 꿈꿨다. 하지만 그가 남긴 글들은 재미없는 분석 일색의 비평뿐이었다. 아버지는 항상 자신이 2류 지성인이라는 패배 의식에 시달렸고 실제 시간이 흐르면서 그의 이름은 사람들의 기억에서 잊혀졌다.

딸은 대학을 나오지 못했다. 하지만 그녀는 '의식의 흐름'이라는 독창적인 전개 방식과 빼어난 문장으로 20세기를 대표하는 여류 소설가가 됐다. 그녀가 1951년에 쓴 《댈러웨이 부인》은 2003년 니콜 키드만 주연의 화제작 〈디 아워스〉에 영감을 주기도 했다. 그녀의 이름은 '버지니아 울프'다.

엘리트였던 아버지가 그저 그런 작가로 생을 마감한 것과 달리 내세울 학벌조차 없던 딸이 후세에 널리 이름을 알리는 이유는 바로 상상력의 차이 때문이다. 울프는 언젠가 자신의 아버지에 대해 "두뇌 사용만 강조하고 음악, 미술, 연극, 여행 같은 감성 활동을 도외시한 케임브리지식 교육의 희생자였다"고 술회한 적이 있다. 편협한 교육방식이 지적 편중과 창조력 결핍으로 이어졌다는 얘기였다.

반면 울프는 어린 시절부터 셰익스피어나 제인 오스틴의 고전 작품을 접하고 박물관의 기계 전시실이나 곤충실에서 시간을 보내며 상상의 나래를 마음껏 폈다. 덕분에 그녀는 책에 나오는 등장인물들에 완전히 감정이입을 할 수 있었고 사물에 대한 폭넓은 이해와 예민한 감수성을 동시에 가질 수 있었다.

창조적인 일을 하는 데는 지식보다 상상력이 중요하다고 말한 사람은 아인슈타인이었다. 어린 시절 낙제생이었던 그는 풀밭을 거닐면서 '빛의 속도로 달리면 어떤 일이 벌어질까' 하는 엉뚱한 상상에 빠졌고 20세기 과학혁명을 이끈 상대성이론은 스스로 내놓은 해답이었다.

의자를 갖고 싶다면
나무를 마련하라

2008년 가을, 국내 굴지의 전자회사가 신입사원을 채용할 때의 일이다. 면접관이 한 지원자에게 물었다.

"전공이 생물학인데…… 당신이 우리 회사에 어떤 기여를 할 수 있죠?"

지원자가 답했다.

"제 석사논문 주제가 〈강화도 갯벌에 사는 수컷 농게가 암컷 농게를 꼬시는 방법〉입니다. 다른 지원자들을 보니 대부분 전기·전자 전공이던데요, 고객 꼬시는 아이디어는 그 사람들 머리가 아니라 제 머리에서 나오지 않을까요?"

면접관의 눈이 반짝였고 그는 치열한 입사 경쟁을 뚫었다. 만약 그가 임기응변식으로 말을 갖다붙였다고 판단됐다면 합격하지 못했을 가능성이 높다. 면접관의 눈엔 지원자의 창의성에 진정성이 있는 것으로 보였다. 사실 이런 차이를 식별해내는 것은 쉬운 일이 아니다. 얼굴 표정이나 화술 등도 작용한다. 하지만 농게와 마케팅을 연결시킨 발상과 독창성 역시 쉽게 모방할 수 있는 것은 아니다.

의자를 갖고 싶다면 나무가 필요하고, 우유를 얻으려면 소를 찾아야 한다. 그렇다면 아이디어가 필요할 때는 어떻게 해야 할까.

아주 옛날엔 사람들은 아이디어가 '그냥 생긴다'고 생각했다. 아이디어는 난데없이 마음속에서 불쑥 나오는 것이기 때문에 그 원천을 찾을 필요가 없다고 생각했다. 실제 우리는 오랫동안 골머리를 앓아온 문제의 좋은 해결책을 갑자기 떠올리는 경우가 많다. 아이디어나 묘안은 길을 걷다가도 생각이 나고, 달리는 자동차를 보다가도 생각이 나고, 담배를 피우기 위해 라이터를 당기는 순간 생각이 나기도 한다(라이터는 비가 오는 날 담뱃불을 붙이기 위해 고민하던 한 끽연가에 의해 발명되었다. 그리고 이를 상품화한 사람은 오스트리아의 K. A. 베르스바흐이다).

정말 멋진 아이디어는 느닷없이 떠오를까? 학교에서는 아르키메데스가 '유레카(찾았다는 뜻)'라고 외치면서 부력의 법칙을 발견했다고 가르친다. 그로부터 2,000년 가까이 흘러 뉴턴이 떨어지는 사과를 보고 중력의 법칙을 발견했다고 우리는 알고 있다. 이러한 일화는 그 두 사람이 사전에 오랫동안 그 주제를 한시도 잊지 않고 고민했다는 중요한 사실을 완전히 무시하고 있다. 당신이 어떤 문제의 해결책을 느닷없이 떠올린 것은 오랫동안 그 문제가 당신의 뇌에 깊이 각인되어 있었기 때문이다. 그러한 숙성의 과정이 없으면 아이디어는 떠오르지 않는다. 그러기에 영국의 정치가 디즈레일리는 "천재가 낳은 것은 모두 열중의 산물이다"라고 말했다.

천재는 누구인가

이제 우리는 창의성의 문제를 본격적으로 짚어볼 때가 됐다. 상상력과 창의성, 이 두 단어는 금세기 들어 가장 강조되는 덕목이다. 기업의 최고경영자뿐만 아니라 서울시장, 대통령까지 경쟁력 향상을 위한 최고의 가치로 강조하고 있다.

창의성은 하늘에서 떨어지는 것이 아니다. 일을 바탕으로, 자신이 현재 느끼고 있는 문제를 해결할 수 있는 선에서만 의미가 있다. 앞서 농게의 비유를 제시한 청년처럼 자신과 조직, 회사의 네트워크를 더 크게 확장할 수 있는 인사이트를 줄 수 있어야 한다는 얘기다.

그렇다면 도대체 창의성이란 무엇인가? 창의적인 사람들은 실제로 다른 사람들과 무엇이 다른 걸까. 그들은 어떻게 새로운 아이디어를 생각해낼까. 노래, 광고, 스토리, 디자인, 패션 등 그 모든 분야에서 어떻게 새로운 생각들을 끄집어내는 것일까. 현대 미술의 문을 연 피카소는 어떻게 그런 그림들을 그릴 수 있었을까, 영화의 새로운 길을 개척한 스티븐 스필버그는 어떻게 그런 영화들을 만들 수 있었을까, 여성의 미를 창조한 코코 샤넬은 어떻게 그런 디자인을 생각해낼 수 있었을까, 도스토예프스키는 어떻게 그런 대작들을 창작할 수 있었을까,

그들은 외계인일까 아니면 머릿속에 신이 들어앉아 있을까, 아니면 천재(天才)라는 단어 그대로 '하늘이 내린 인재'일까.

괴테는 "꿈을 품고 무언가 할 수 있다면 그것을 시작하라. 새로운 일을 시작하는 용기 속에 당신의 천재성과 능력, 기적이 모두 숨어 있다"고 설파했다. 천재성은 그저 주어지는 것이 아니라 어떤 일을 시작하는 용기 속에 있다고 강조한 것이다.

그들을 움직이는 원동력은 무엇일까. 야망, 금전, 명성, 성취감? 아니면 다른 그 무엇일까. 만약 창의성이 뛰어난 인재가 우리 눈앞에 있다면 그들에게 동기를 부여하고 그들을 관리하며 통제하는 비결은 무엇일까. 규율과 제약이 있는 조직 내부에서 그들의 창의성을 최대한 활용하는 방법은 무엇일까.

참으로 미묘하고 어려운 질문들이다. 천재에 대한 정의는 있어도 천재가 어떤 방식으로 아이디어를 구체화하는지에 대한 공식은 밝혀지지 않았다. 어떤 과학자도 선뜻 답을 내놓기 어렵다. 우선 창의성이란 개념부터 모호하고 다의적이다. 그래서 창의적인 사람을 구체적으로 규정하기도 쉽지 않다. 혹자는 '아이디어가 많은 사람'이라고 말하고 또 다른 이는 '상상력이 풍부한 사람'이라고 한다. 학식과 경험의 차이에 따라 천차만별이다.

그 정의는 천차만별이지만 이제 창의성의 개발과 활용은 발등에 떨어진 불이다. 창의성을 기업과 조직 나아가 사회와 국가 발전에 활용해야 하는 것은 우리에게 주어진 시급한 과제이다.

2만 원짜리 호텔 라면을 먹는 이유

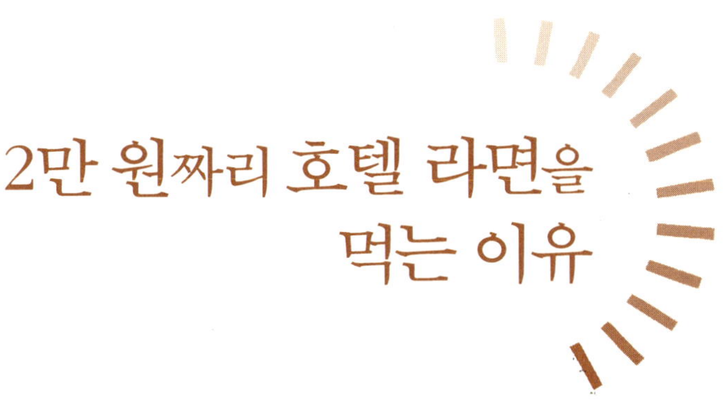

알면서도 속는다

우리는 사진을 찍는다. 왜 사진을 찍을까? 어느 곳에 갔다왔다는 기억을 남기기 위해서일까 아니면 누군가와 함께 있었다는 것을 기념하기 위해서일까. 두 가지 다일 수도 있고 두 가지 다 아닐 수도 있다.

한 가지 분명한 점은 보통사람들에게 있어서 사진은 그 당시보다 시간이 오래 흐른 훗날 더 중요한 가치를 지닌다는 것이다. 사진은 현재보다 과거를 보여준다. 그래서 우리는 사진을 보면서 추억에 잠기고 그 옛날을 회상한다. 40대 후반이 되어 고교시절의 사진을 들여다보며 꿈 많았던-혹은 고달팠던-질풍노도기를 추억한다. 희미한 사진 속의 친구들 중에는 이름마저 잊은 녀석들도 있다. 그들은 어디에서 무엇을 할까? 아득한 추억에 잠기는 것이다. 이 추억이라는 것을 이용해 마케팅을 할 수 있을까?

동네 분식점에서 파는 계란라면은 2,500원이다. 라면에 아무리 특별한 재료를 넣어도 통상 5,000원을 넘지 않는다. 그런데 무려 2만 원짜리 라면이 있다. 특급호텔 수영장에서 파는 '학창시절 추억의 라면'이다. 그런데도 특급호텔의 라면을 찾는 고객들이 있다. 10배나 비싼데도 말이다. 특권 의식이나 허영심 때문일까. 그럴 수도, 그렇지 않을 수도 있다.

만약 호텔이 메뉴에 그냥 '라면'이라고 올렸다면 '바가지를 씌운다'는 원성을 들었을 게 뻔하다. 하지만 이 호텔을 찾는 이들 가운데는 그냥 라면이 아닌 '학창시절의 추억'을 구매하는 기분으로 2만 원을 지출하는 사람들도 꽤 있다. 청년시절 갖은 고생을 거쳐 어느 정도 여유를 갖게 된 재력가들의 경우다. 수영장 벤치에 편안하게 앉아 파노라마처럼 스쳐가는 과거의 역경을 떠올리며 오늘의 성공을 확인할 수 있다면 2만 원이라는 돈은 그다지 크지 않을 수도 있다. 호텔은 고객들의 그런 심리와 성향을 간파한 것이다. 결국 호텔이 파는 것은 라면이 아니다. 라면에 담긴 고객들의 정서와 추억을 파는 것이다. 호텔 라면은 요리사의 솜씨가 아니라 창의성의 산물이라는 얘기다.

우리는 매일 텔레비전, DVD나 CD를 보고 듣는다. 옷을 사 입고 잡지와 신문, 책을 읽으며 가구와 집기를 구매한다. 좀더 맵시 있는 자동차를 구하기 위해 수많은 전시장들을 둘러보기도 한다. 우리는 하루를 보내면서 주변에 널려 있는 창의성들을 끊임없이 사들이고 즐긴다. 비용-편익 구조에 웬만큼 익숙해진 이들조차 알면서도 광고에 속아 넘어간다.

몇 년 전 올림푸스도 제품이 아닌 '추억'을 팔아 초기 디지털카메라 시장의 강자로 군림했다. 비결은 광고에 있었다. 올림푸스는 처음엔 제품의 기능을 부각시킨 광고를 만들어 내보냈다. 소비자들의 반응이 기대 이하로 나타나자 광고전략을 바꾸기로 했다. 긴 생머리의 톱스타 전지현을 모델로 내세워 모든 이들의 로망인 청춘과 사랑을 추억하는 영상을 담았다. 소비자들이 카메라의 기능보다는 그것으로 만들어낼 수 있는 사연과 감성에 더 많은 영향을 받는다는 사실을 파고든 전략이었다.

창의성은 우리가 소비하는 일반 상품이나 서비스와는 전혀 다르다. 대량생산 사회가 배출해내는 제품은 대부분 규격화·표준화돼 있다. 하지만 창의성은 기계적으로 대량생산할 수 없다. 창의적인 아이디어는 인간의 마음에서 들쑥날쑥 솟아난다. 과학소설이 무한한 상상의 나래를 펼치고 있지만 기계는 제아무리 첨단일지라도 아이디어를 생각해내지 못한다. 그래서 창의성에 의존하는 산업계는 창의적인 사람들을 영원히 찾을 수밖에 없다.

▌ 낯선 것을 낯익은 것으로

그렇다면 이런 제품들을 가능케 했던 창의성의 요체는 도대체 무엇일까. 의외로 아주 오래 전부터 이를 연구한 학자들은 많다.

창의성을 학문의 틀에서 비교적 체계적으로 분석한 이는 헝가리 철학자인 아서 케슬러(Arthur Koestler)다. 그는 《창작의 예술》이라는 저서를 통해 창의적 과정을 이연현상(bisociation)이라고 정의했다. 이연현상이란 서로 관련이 없는 두 가지 사실이나 아이디어를 하나의 아이디어로 통합하는 것이다.

케슬러는 난데없이 무에서 유를 창조하는 식의 아이디어 탄생 논리를 거부했다. 대신 변화는 때때로 예기치 않게 일어나지만 존재하는 현상이나 사실에서 발생한다고 생각했다. 즉 아직 존재하지 않는 관계, 아직 우리가 이해하지 못하고 있는 관계를 창조하는 과정이 이연현상이라는 것이다. 이 이론대로라면 뉴턴이 사과와 만유인력의 법칙을 연결한 것이나 아르키메데스가 목욕탕에서 부력이론을 얻었다는 애기에 수긍이 간다. 알렉산더 플레밍의 페니실린과 곰팡이 역시 마찬가지다.

케슬러가 유럽에서 이연현상이론을 정립할 때 미국에서는 창의성에 관한 본격적인 연구가 시작됐다. 소련과의 우주개발 경쟁에서 뒤처진 이유가 상상력 빈곤에서 비롯됐다고 생각한 미국은 1960년대 중반부터 캘리포니아 기술연구소를 중심으로 본격적인 연구에 들어갔다.

미국의 과학자들은 창의성에 관한 연구를 다방면으로 실시했는데 거기에는 인간의 뇌에 대한 연구도 포함되어 있었다. 연구진들은 인간이 갖고 있는 두뇌(좌뇌, 우뇌)가 서로 다른 기능을 수행한다는 사실을 밝혀냈다. 좌뇌는 주로 '논리적인' 사고(수학, 언어, 분석, 추론 등)를 하고 우뇌는 '창의적인' 사고(상상, 색상, 음악, 리듬 등)를 한다는 것을 알아낸 것이다. 실제 몇몇 실험 결과에 따르면 두뇌의 두 반구는 각각 독립적으로 활동할 수 있고, 심지어 외과수술을 통해 분리를 해도 각자의 역할을 수행한다는 사실이 밝혀졌다. 좌뇌와 우뇌의 역할을 《뇌, 맵핑마인드》라는 책에 실린 다음의 유머를 통해 알 수 있다.

캥거루 한 마리가 바에 들어와 의자에 앉아 맥주를 시켰다. 바텐더는 깜짝 놀랐지만 맥주를 내주었다. 그 맥주를 다 마신 캥거루가 "얼마지?"라고 물었다. 캥거루가 얼마나 영리한지 시험해보기 위해 바텐더는 터무니없는 금액을 말했다. 그러나 캥거루는 조용히 그 금액을 지불했다. 바텐더는 "역시 인간이 한 수 위"라고 중얼거렸다. 그렇다면 이 유머의 끝은 어떻게 될까?

답은 C이다. 이는 보통의 사람이면 생각할 수 있는 답이다. 그러나 우뇌에 장애가 있는 사람은 유머라고 할 것도 없는 B를 선택한다. 그리고 좌뇌에 장애가 있는 사람은 맥락과 관계없는 A를 선택한다. 감정을 지배하는 우뇌에 이상이 있으면 유머를 쉽게 이해하지 못하기에 B를 선택하고, 논리적인 사고를 지배하는 좌뇌에 이상이 있으면 맥락과 전혀 관계없는 A를 선택하는 것이다. 물론 이 이론이 모든 사람에게 100% 적용되는 것은 아니다. 과학에 뛰어나면서도 음악에 조예가 깊은 사람도 있기 마련이다. 대표적인 사람이 아인슈타인이다.

창의성을 사고의 흐름으로 설명하는 이도 있다. 1950년대의 저명한 심리학자 윌리엄 고든(William Gordon)은 이렇게 설명했다.

"창의성은 문제에 직면했을 때 분석을 통해 낯선 것을 낯익은 것으로 바꾸려고 시도하는 마음의 기능이다. 인간은 기본적으로 변화를 싫어하기 때문에 낯선 것에 불편과 위협을 느낀다. 마음은 낯선 것을 만났을 때 그것을 받아들일 수 있는 패턴으로 만들거나 그것의 기하학 체계를 바꿔 수용하려고 한다. 근본적으로 참신한 것은 새로운 시각, 문제를 바라보는 새로운 방식을 요구한다. 새로운 시각은 문제를 해결할 수 있는 잠재력을 제공한다."

마음의 자연스러운 사고 과정이 낯선 것과 교감하고 관계를 맺는 과정에서 창의성이 분출된다는 설명이다. 결국 이 모든 설명들은 창의성의 개념을 한마디로, 일목요연하게 정립하기 어렵다는 사실을 역설적으로 보여준다. 눈에 보이지 않고 손에 잡히지 않는 개념, 하지만 늘상 우리 생활 가까이 존재하고 오늘날 경제적 선택의 대부분을 차지하고 있는 기준이 창의성인 것이다.

█ IQ와 행복은 정비례?

김웅용이라는 사람이 있다. 요즈음 이 이름을 아는 사람은 그다지 많지 않다. 그는 4세에 4개 언어에 능통했고 일본 방송에 출연해서 일본어로 미적분 문제를 풀기도 했다. 그의 IQ 기록은 현재까지 측정된 한국인의 IQ 중에서 가장 높은 210이다(또 세계 최고 기록이라는 설도 있다). 그는 한때 언론을 떠들썩하게 했는데 이후 평범한 삶을 살고 있다. 높은 IQ에 비해 딱히 커다란 업적을 이루지 못했으니 어떤 의미에서는 불행이라 할 수 있다.

그렇다면 세계 최고의 IQ를 지닌 사람은 누구일까? 세계 역사를 통틀어서 가장 IQ가 높았던 사람은 시디스(William James Sidis)라는 사람으로 1898년 미국에서 태어난 러시아 이민자의 아들이었다. IQ가 너무 높아 정확히 측정이 불가능했지만 대략 250~300 정도로 추산한다. 그는 8세가 되기 전 4권의 책을 냈고 8개 언어에 능통했지만 삶은 행복하지 않았다. 아니, 평범하지조차 못했다. 시디스는 은둔생활을 하다가 1944년 뇌출혈로 사망했다.

현재 최고의 IQ 보유자는 사반트(Marilyn vos Savant, 1946~)라는 이탈리아 여자로 미국에 살고 있다. 그녀의 IQ는 228(1960년대의 기술로 측정)로, 살아 있는 사람들 중 가장 높은 IQ로 기네스북에 등재되어 있다. 그녀는 미국의 〈Parades〉라는 잡지에 'Ask Marilyn'이라는 코너에 어려운 수학 문제나 퍼즐을 풀어주는 칼럼을 기고하고 있다고 한다.

참고로 역사에 등장한 천재들의 IQ를 보면 다음과 같다. 괴테 210, 엠마누엘 스웨덴버그(스웨덴의 종교작가) 205, 수학자 라이프니쯔 205, 영국의 철학자 존 스튜어트 밀 200, 수학자 파스칼 195이다. 아인슈타인은 180이었다고 한다.

물론 IQ가 높다고 해서 반드시 학업 성적이 좋은 것은 아니며 삶이 행복한 것도 아니며 위대한 업적을 남긴다는 것도 아니다.

▋ 보통사람도 세상을 바꾼다

우리는 무엇으로 사람을 평가하는가. 우선 직장, 학력, 경력, 외모, 나이, 가문 등 눈에 보이는 요소들이 있다. 처음 만나 명함을 교환하고 출신지와 출신학교 정보를 교환하는 이유다. 하지만 시간이 지나면 눈에는 보이지 않지만 저절로 알게 되는 요소들이 있다. 성격, 자세, 성실성, 긍정적 사고, 적극성 등이다. 우리는 특정인에 대한 최종적 평가가 전자보다는 후자로 이뤄진다는 사실을 잘 알고 있다. 100%는 아닐지 모르지만 적어도 70~80% 이상 눈에 보이지 않는 기준이 작동하고 있다. "그 사람 참 진국이네"라는 흔한 표현 역시 그러하다.

요즘 기업들은 인재를 판별하는 기준으로 위에 열거한 덕목들 외에 창조적 역량을 꼽고 있다. 창의성이라는 개념이 경영학계에 등장한 것이 불과 30여 년이고 보면 이제 와서 강조되는 현실을 알 법도 하다. 그렇다면 창의성은 어떻게 키울 수 있는가. 창의적인 인물은 따로 있는 것일까. 이 질문에 답하기 전에 흥미 있는 한 가지 연구 프로젝트를 소개한다.

미국 스탠퍼드대학은 1921년부터 무려 한 세기에 걸쳐 IQ와 창의성의 상관관계를 연구해오고 있다. 청소년기에 IQ를 측정한 실험 대상의 전 생애를 추적하는 방식이다. 아직 목표 연구기간인 100년에는 미치지 못하지만 스탠퍼드대학은 몇 년 전에 중간 결과를 발표했다. 창조적 성과를 내기 위한 IQ는 115~120 수준으로, 그 이상을 넘어가도 창의성과는 그다지 관계가 없는 것으로 나타났다(참고로 우리나라 사람들의 평균 IQ는 107 정도라는 연구결과가 나와 있다). 결국 천재나 준재가 아닐지라도 세상과 미래를 바꿀 수 있는 사람은 우리 주변에 많이 널려 있다는 얘기다.

게다가 창의성은 선천적인 능력이 아니며 후천적인 학습에 의해 얼마든지 발현될 수 있다는 게 최근 학계의 주류 학설이다. 20세기 중반까지만 해도 창조적 활동은 천재의 영역이라는 것이 정설이었지만

1950년대 이후 본격적인 연구가 진행되면서 후천적 노력을 통해 창조성을 높일 수 있다는 결과가 나온 것이다. 실제 월트 디즈니는 평소 '용불용설'이라는 말을 자주 했다. 자꾸 사용하면 역량이 높아진다는 애기다. 당연히 훈련도 가능하다.

미국 버팔로대학의 연구논문에 따르면 창의성을 체계적으로 훈련받은 사람과 그렇지 않은 사람 간의 아이디어 차이는 최고 1.7배까지 벌어진다. 더 중요한 것은 그 차이의 대부분을 생산적 아이디어가 차지하고 있다는 점이다.

따라서 '고독한 천재'라는 표현도 극히 제한적인 경우에 사용할 수밖에 없다. 천재들의 예술작품도 결국은 그 사람이 접촉했던 수많은 사람들과의 상호관계에서 나왔다고 봐야 한다. 미켈란젤로가 그린 것으로 알려진 바티칸 시스틴 성당의 천장벽화는 사실 13명의 화가들이 협업을 통해 완성한 것이었다. 불세출의 스타인 비틀즈도 팀 내부에서 벌어진 폴 매카트니와 존 레논의 치열한 경쟁이 있었기에 음악성을 높일 수 있었다.

'게으른 천재'라는 표현도 틀렸다. "천재는 1%의 영감과 99%의 노력으로 이뤄진다"는 에디슨의 말은 고통으로 점철된 천재들의 노력을 잘 보여준다.

창의적인 사람들은 게으름을 피우기보다 일에 몰두하는 경향이 강하다. 세계적으로 유명한 예술가들은 놀랍도록 빠른 속도로 대작을 만들었다. 모차르트와 피카소는 몇몇 작품으로 세계적인 유명세를 탔지만 사실 다작으로 이름난 인물이다. 발자크와 디킨스 역시 매달 소설 한 편을 창작할 정도로 정력적으로 글을 썼다.

뉴턴이 사과가 땅에 떨어지는 모습을 보고 지구와 달, 행성과 행성이 서로 끌어당기고 있다는 원리를 발견하기까지 얼마나 많은 상념의 바다를 헤맸을지 상상해보라. 고전역학의 결정판인 만유인력의 법칙은 숱한 실험과 사유의 과정을 거치지 않았더라면 결코 탄생하지 못했다.

▌최고의 투자는 생각

거듭 강조하지만 우리는 하나의 점에 불과하다. 하지만 홀로 있는 게 아니라 다른 점들과 연결된 네트워크 속에 자리잡고 있다. 경쟁력이든 자아실현이든 '연결' 되는 관계 속에서 구현될 수밖에 없다. 어떤 모습으로 존재하느냐의 문제는 어떻게 연결돼 있느냐가 핵심이다. 그리하여 변화하고 진화하는 네트워크 속에서 더 많은 가능성과 가치를 스스로 추구하는 사람만이 더 많은 기회를 갖게 되는 것이다.

그 출발점은 생각이다. 생각은 공짜지만 세상엔 이 공짜를 제대로 활용하는 사람이 많지 않다. 당장 자리를 박차고 일어나 생각을 시작하라. 처음엔 생각할 수 있는 것만 생각하라. 오만가지 상념들이 밀려오는 가운데 진정으로 자신이 원하는 것, 문제 해결에 필요한 여러 생각들을 탐색할 수 있을 게다. 다음엔 그동안 자신이 생각하지 않은 것들을 생각하라. 더 많은 고통이 찾아올 테지만 새로운 정보와 지식의 지평을 얻을 수 있다.

마지막엔 도저히 생각할 수 없는 것들을 생각하라. 바로 상상력과 영감의 세계다. 아무런 과학지식이 없는데도 빅뱅과도 같은, 전문가가 평생을 매달려도 제대로 알아낼 수 없는 분야를 고민하라는 게 아니다. 조앤 롤링이 수년간의 서성거림을 거쳐 마침내 도달했던 판타지의 세계, 베르나르 베르베르가 무한의 상상으로 펼쳤던 개미의 세계와 인간 영혼의 여행처럼 새로운 삶을 개척하기 위해 노력하는 이들에게만 찾아가는 삶의 즐거운 신비를 꿈꾸라는 얘기다.

하지만 상상의 나래를 펼치기 전에 알아둬야 할 게 있다. 상상은 정말 당혹스런 경험을 동반한다. 일단 시작하면 생각의 양에 비례해 '생각해보지 않은 세계'가 계속 팽창하기 때문이다. 번뜩이는 직관이나 영감은 그렇게 확장된 세계 속에 존재한다. 멈춰 있는 생각, 고여 있는 세계에선 결코 찾아낼 수 없다. 에머슨은 이렇게 말했다. "당신의 인생은 당신이 하루종일 무슨 생각을 하는지에 달려 있다."

창조와 혁신의 차이

이건희 전 삼성 회장은 왜 '천재' 영입을 그토록 강조했던 것일까. 천재만 중요하고 나머지 사람들은 그렇지 않다는 뜻이었을까. 전문가들은 세상이 이 회장의 천재론을 오해하고 있다고 지적한다.

이 회장은 2010년까지 50개의 세계 1위 품목을 육성하겠다는 목표를 세워두고 있었다. 그래야 월드기업으로 세계시장을 주도한다고 믿었다. 이를 달성하려면 고도의 기술력을 가진 천재급 인재 발굴 및 육성이 필수적이라는 생각에서 천재론을 들고 나온 것이다. 사실 삼성의 인재전략은 천재가 아니라 '핵심 인재'에 있었다. 내부에서 역량 있는 인재를 키우든가, 아니면 밖에서 유능한 인재를 뽑아 조직의 역량을 극대화하는 것이었다.

창의성을 네트워크화한 기업에서의 '창조'는 상업적 베이스에서 갖는 의미로 제한된다. 예술이나 과학과는 달리 기업이 아이디어를 활용해 사업으로 연결시킬 수 있는 유용성을 가져야 한다. 해당 기업의 정체성을 가미한 것이라면 금상첨화다.

하버드대학의 애머빌(Teresa Amabile) 교수는 창조를 "독창적이고(original) 유용하며(useful) 실행가능한(actionable) 아이디어를 창출하는 것"이라고 정의했다. 또 에모리대학의 페리 스미스(Perry Smith) 교수는 "새로운 혁신적 아이디어나 기존 방식의 재해석을 통해 업무 수행상의 새로운 방식을 만들어내는 것"이라고 설명했다.

창조와 혁신을 혼동하는 경우가 많지만, 기실 양자는 다른 것이다. 창조는 아이디어의 창출 자체를 의미하는 반면 혁신은 사업화가 실행되어 구체적인 성과물이 나오는 것을 뜻한다. 따라서 창조적인 아이디어를 사업화함으로써 수익을 창출하는 것이 혁신인 것이다. 창조는 개인 수준에서도 가능하지만 혁신은 조직 내에서 이뤄지는 사회적 과정이라는 견해도 있다. 창조가 있어야 혁신이 가능하지만 창조가 반드시 혁신의 성공을 보장하는 것은 아니다. 아이디어 창출 능력과 실행 능력은 엄연히 별개의 영역이기 때문이다.

제록스의 팔로알토연구소(PARC)는 데스크톱PC, 마우스, GUI, 레이저프린터 등 역사에 남을 창조적 아이디어들을 내놓았다. 하지만 제록스는 이 컴퓨터를 상용화하는 데 실패했다. 연구소는 다른 부서의 협력을 이끌어내지 못했고 마케팅 부서도 설득하지 못했다. 결국 제록스는 이 컴퓨터를 창고에 방치한 채 수익성이 검증되지 않은 기업용 워크스테이션 개발에 매달렸다.

그러나 1980년 팔로알토연구소를 방문한 애플의 창업자 스티브 잡스는 달랐다. 잡스는 제록스의 기술이 미래 황금알을 낳는 거위가 될 것으로 내다봤다. 몇 년 뒤 애플이 내놓은 매킨토시는 전세계 시장을 석권하며 잡스를 일약 세계적인 기업인의 반열에 올려놓았다.

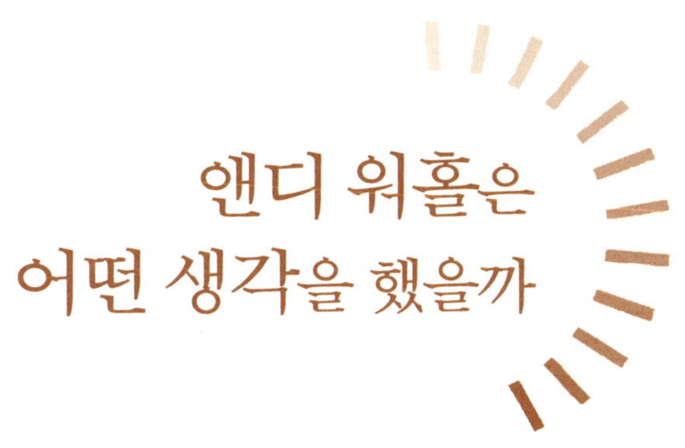

▌깡통으로 예술의 새 지평을 열다

미술사에서 앤디 워홀(1928~1987)만큼이나 찬사와 비난을 동시에 받은 인물을 찾기란 쉽지 않다. 일회용 스프 깡통을 그대로 베끼고 가십 가득한 연예잡지에서 오려낸 할리우드 스타의 사진을 판화로 찍어낸 그를 어떤 평론가들은 대중 매체의 본질을 정확하게 꿰뚫어 예술의 대중화로 연결시킨 천재라며 영향력 있는 미국 화가 중 1명으로 주저 없이 꼽는다. 워홀이 과대평가되어 있다고 주장하는 이들은 그의 화가로서의 능력 부족과 상업성을 비판한다.

워홀의 대표작인 스프 깡통 작품(캠벨 스프 캔, 1962)과 평론가들로부터 미술사의 흐름을 바꿔놓은 중요한 작품으로 평가받는 수세미 박스 작품(브릴로 박스, 1964)은 일반인들이 보기엔 그저 슈퍼마켓 진열대의 한 모퉁이를 재현해놓은 것으로밖에 보이지 않는다. 예술이란 새롭거나 심오하거나, 그것도 아니라면 적어도 일상에 널려 있는 하찮은 이미지의 재탕은 아니어야 한다는 생각 때문이다. 바로 이쯤에서 예술가의 최고 미덕이자 의무이기도 한 창의성이 의문의 대상으로 떠오르게 된다.

앤디 워홀 이전의 미술은 신성한 독창성의 전통 속에 있었다. 독자적인 창작세계와 내밀한 감성의 표현, 그 결과물인 작품이 갖는 개성과 유일무이함이 그것이었다. 상업적인 보상과 세상의 평가에서 멀어지면 고귀함까지 더해졌다. 하지만 워홀은 주위에 넘쳐나는 싸구려 이미지를 판화라는 기계적인 제작방식으로 무수히 복제해내고 그것을 철저히 돈으로 계산해 부를 쌓았으며 명예까지 거머쥐었다. 뭐 하나 새로울 것 없어 보이고 심지어는 천박해 보이기까지 하는 그의 작품 속에 대체 무엇이 숨겨져 있기에 오늘날 앤디 워홀이라는 이름은 현대미술의 상식이 되었을까.

이전과는 다른 창의성의 해석과 적용이 그 대답이다. 1950년대 미국은 값싸고 편리한 대량생산제품이 대중의 기호와 맞물리면서 이전과는 전혀 다른 소비문화를 낳았다. 소비가 쾌락의 수단이 되면서 제품에 따른 유행이 이어졌으며 유행의 변덕스런 속성에 맞추어 새로운 제품들이 쏟아져 나왔다. 맥도날드 햄버거 체인점이 생기고 디즈니랜드가 문을 열었다. 누구든지 햄버거와 콜라를 즐길 수 있었으며 맛은 평등했다.

워홀은 바로 이런 일상을 작품의 소재로 삼았다. 감히 예술적 대상이 될 수 있을 거라고는 아무도 여기지 않았던 일상적 삶의 영역을 예술의 울타리 안으로 끌어들이기를 열망했던 것이다. 동네 마트와 찬장 선반에 줄지어 있는 통조림 상표를 갤러리에서 만난 관객들은 친근함을 느꼈다. 서민들의 평범한 기호가 미술의 주제가 되어 콧대 높은 미술관에 내걸리게 된다는 사실에서 일종의 쾌감마저 얻을 수 있었다. 바로 전까지 미술계를 휩쓸던, 작가 내면의 감성을 과도하게 표출시킨 극도의 추상에 질릴대로 질렸기 때문이기도 했다.

▌정면으로 도전하라

워홀은 작품 주제를 선택하는 단계에서뿐 아니라 그것을 제작하는 과정에서도 이전의 창의성 개념과는 전혀 다른 방식을 취했다. 조수들을 채용해 자신은 아이디어만 지시하고 실제 제작은 그들에게 맡겼다. 미술가 자신이 손으로 직접 제작해야 한다는 전통적인 방식을 전면적으로 거부한 것이다. 자신의 작업실을 노골적으로 '팩토리(공장)'라 이름 짓고 하루에 많게는 80점씩 작품을 제작하기도 했다. 1962년과 1964년 사이에 제작된 실크 스크린 프린트만 무려 2,000점이 넘을 정도였다.

심지어는 타인의 아이디어까지 사들였다. 작품 영감을 얻기 위해 시인 등을 조수로 삼아 돈을 지불하고 작품 주제를 얻기도 했다. 대표작인 캠벨 스프 깡통 시리즈는 친구의 제안으로 시작됐고 유명인 초상 시리즈 중 엘비스 프레슬리와 신문의 사고 장면 사진을 이용한 재난 시리즈도 조수의 아이디어였다.

그는 또한 예술도 비즈니스라는 점을 명확히 인식했다. "돈을 버는 것은 예술이고, 일하는 것도 예술이고, 비즈니스야말로 최고의 예술이다"라고 공공연하게 말한 워홀은 자신이 만든 물건(작품)의 가치를 높여 최고의 이윤을 남길 수 있는 방식으로 작품 제작에 접근했다. 잡지 사진 속에서 오려낸 꽃을 이용한 'Flowers'는 다양한 크기의 캔버스에 같은 이미지를 복제해 담은 작품이다. 언뜻 보기엔 똑같아 보이지만 각 작품마다 마지막 단계에 작은 변화를 주어 가격을 올렸다. 기계적인 제작 방식을 이용한 대량생산이라는 상업적 전술의 효과를 꾀함과 동시에, 손쉽게 가한 작은 변화들로 작품들 하나하나를 독창적인 작품으로 만들어 가치가 높아지도록 한 것이다.

워홀은 전통적인 개념에서의 예술가와 예술작품이란 정의에 정면으로 도전장을 내밀었다. 개성 없는 이미지를 그대로 가져다 쓰고, 기계의 테크닉에 의지하고 타인의 아이디어와 손을 빌려 썼으며, 무수한 복제로 미술을 상업적인 상품 이미지로 끌어내렸다. 하지만 아이러니하게도 바로 그 점이 워홀을 가장 독창적이고 개성있는 작가 중 하나로 만들었고 찬사든 비난이든 오늘날의 미술에 커다란 영향을 끼친 예술가로 남게 했다.

오귀스트 로댕에게 쏟아진 비판

누구의 착각인가

현대조각의 아버지로 불리는 로댕은 생전에 명성을 얻고 대중적 인기도 누린 복 많은 작가였다. 하지만 그의 작품 모두가 당대에 제대로 된 평가를 받았던 것은 아니다. 특히 심혈을 기울인 역작이 대중뿐 아니라 평단으로부터 차갑게 외면당한 경우도 있었다. '발자크 기념상'이 그것이다. 지금은 로댕의 독창성이 빛나는 최고의 걸작으로 꼽히지만 당시엔 조롱거리가 되어 방치되었다가 로댕 사후에 겨우 청동으로 주조되었다.

에밀 졸라가 회장으로 있던 '프랑스문인협회'는 프랑스 사실주의 문학을 대표하는 대문호인 발자크 기념상 제작을 로댕에게 의뢰했다.

로댕은 "나는 무언가 범상치 않은 것을 만들 것이다"며 열정적인 창작력을 발휘했고 결코 짧지 않은 기간 동안 공들인 작품을 1898년 5월 공개했다. '나의 전 생애의 결산'이라고 자부심에 가득 차 소개한 작품에 대한 반응은 너무도 참담했다. '유령 같은 조잡한 덩어리', '거대한 태아', '식인괴물, 악마, 기형이 합쳐진 괴물 덩어리'라는 야유가 쏟아졌고 이미 대가의 반열에 올라 있던 그가 예술적인 완성도가 부족하다는 소리까지 들어야 했다. 작품을 의뢰했던 문인협회는 발자크의 지적인 세계와 문학적인 감성을 전혀 반영하지 못했다며 동상 설치 자체를 무효화시켰다.

▌영혼의 고통을 담아낸 걸작

로댕은 이에 대해 "정열로 들끓는 진짜 영웅적인 발자크 상이다. 나는 일찍이 이렇게 만족스런 작품을 만든 적이 없다. 이것은 나의 정력과 예술의 비밀을 심오하게 드러낸 내 예술의 총체 그 자체이다"라고 맞섰다. 실제 로댕은 발자크의 정신세계를 표현하기 위해 방대한 양의 발자크 작품과 전기를 읽고 그의 고향 마을을 여행했다. 그가 이용하던 양복점을 찾아내 똑같은 외투를 맞춰 입고 다니며 그의 몸에 대해 연구했다. 발자크의 진실된 삶을 작품 속에 담아내기 위해 사생활도 치밀하게 조사했다. 늘 빚에 쪼들렸던 발자크는 빚쟁이들이 진을 치고 있는 앞문을 피해 잠옷가운을 걸친 채 뒷문으로 허둥지둥 도망가곤 했는데, 대문호의 정신적인 깊이와 반대되는 비루한 삶을 작품에 고스란히 드러내고자 했다. 그 결과로 드러난 작품은 담요같이 긴 외투를 두른, 발자크를 전혀 닮지 않은 거친 모습의 조각이었고, 로댕의 명성에도 불구하고 그것에 대한 비판은 가혹했다.

하지만 평가는 이후에 극단적으로 바뀌게 된다. 갈기처럼 거칠게 갈라진 머리와 눈자위가 움푹 패인 얼굴은 거대한 담요자루 위에 기이한 모습으로 솟아 있는데 도리어 이렇게 과감하게 생략된 표현으로 인해 발자크의 정신적인 면이 장대하게 부각되는 효과를 가져왔다. 작가의 실제 외모를 그대로 묘사하지 않고 심지어는 왜곡해서 표현하는 로댕의 새로운 방식은 한 인간이 가질 수 있는 영혼의 기운과 위대함, 더불어 내적인 고통까지도 위엄 있게 드러낸다는 평을 받게 되었다.

한때 로댕을 비난했던 비평가들은 인간의 심리적인 면을 조각으로 표현해낸 로댕에게 무한한 찬사를 보냈다. 그리고 미술사가들은 로댕이 고집했던 미완성의 상태가 조각을 기계적인 복제의 차원으로부터 구제해낸 진정한 창의성이라고 평가한다. 그리고 현대조각의 출발점으로 이 발자크상을 꼽는 데 이견을 달지 않는다.

새로운 의식의 흐름

그렇다면 로댕과 워홀의 시도들은 어느 날 문득 그들의 뇌리를 섬광과도 같이 스쳐지나는 예술적 영감에서 비롯된 것이었을까? 누구도 상상조차 하지 못한 것을 끄집어내는 창발의 능력은 예술가에게 축복처럼 주어지는 것일까? 그래서 예술가들은 세상의 가치에는 초연한 자유로운 영혼의 소유자이며, 규범과 제약 따위는 훌쩍 뛰어넘는 천재들인가.

미술사는 각 시대의 주된 양식을 뒤집어엎고 등장하는 새로운 양식들을 나열한 기록이기도 하다. 당대의 양식을 비판하는 신랄함이나 전혀 다른 신선함, 때로는 그 높은 강도로 인해 충격적이기까지 한 모습으로 나타나는 새로운 양식은 언뜻 이전의 것과는 극단적인 대척점에 놓여 있는 듯 보인다. 하지만 전통의 판을 뒤흔드는 다양한 형태의 무례함(?)들은 바로 기존 양식이 화려하게 꽃피운 토양에 뿌리를 두고 자라난다. 이전의 것에 대한 철저한 이해와 체험의 과정을 거친 후에야 비로소 새로움에 대한 갈증이 싹트는 것이다.

질식할 듯 말초적이고 장식적인 로코코의 달콤함은 질서와 고귀함을 삶의 이상으로 삼는 신고전주의를 불러왔다. 신고전주의가 이룩해놓은 엄격한 이성의 시대를 살아가는 동안 숨이 막힌 예술가들은 직관과 정열의 삶을 갈구하며 낭만주의를 부르짖었다. 그랬던 낭만주의는 뒤이어 등장하는 사실주의자들에겐 진정한 현실을 외면하는 도피자의 모습으로 비쳐졌다.

인상주의 화가들은 이전 양식인 사실주의뿐 아니라 원근법, 구도, 명암법 등 수세기 동안 이어져온 전통적 회화의 관습을 거부하고 오로지 빛과 찰나의 순간이 만들어내는 시각적 감각을 펼쳐내며 이후 모든 미술의 방향을 결정하게 된다. 이렇게 마치 하늘에서 떨어진 듯 극적으로 보이는 예술가의 신비스런 창의성은 기실 현실에 대한 비판 그리고 그것을 대체할 무언가에 대한 끊임없는 탐구로부터 시작된 것이다.

거기에 또 하나, 시대의 요구가 있다. 감성과 이성, 의식과 무의식, 자연과 과학, 자아와 타자 등의 사이에 흩어져 흐르던 작은 물줄기들은 어느 순간 서로 만나 새로운 의식의 흐름이 되어 시대의 요구로 확장된다. 예술가는 그 흐름의 방향을 앞서 짚어내거나 때로는 이끌어가기도 한다. 워홀은 대중의 추상미술에 대한 까마득한 동경의 시선과 냉소적인 태도를 미술에 대한 새로운 요구로 해석했다.

그들에게 가장 친숙한 일상적 이미지를 통해 미술을 눈높이로 끄집어내어 삶과 밀착된 대중미술을 이뤄낸 것이다. 대중과 상품, 광고(매체)의 만남이 어떤 파워를 만들어낼지를 정확하게 계산해 내놓은 그의 각종 전략들은 한동안 미술판의 흐름을 주도했고 이후 미술사뿐 아니라 문화 전반에 지대한 영향을 끼쳤다.

공허한 전통의 인습에 반발한 인상주의가 회화의 새로운 개념이 되어가는 과정을 지켜보았던 로댕은 더 이상 조각이 대상의 사실적인 묘사의 수단이 되어선 안 된다는 문제에 매달렸다. 공공 기념물을 장식하던 역할에만 머물렀던 절망적인 조각을 독자적이고 예술적인 장르로 끌어올리기 위해 그는 평단의 호된 비판에도 불구하고 당시에는 생경스럽기만 했던 '미완성의 완성'을 고집했다. 그 결과 대충 주물러서 만들어 낸듯한 덩어리가 생명의 기운을 품게 되고 정신적인 면까지 드러내는 또 다른 의미의 리얼리티를 구축해내면서, 조각은 비로소 거대한 현대의 흐름 속으로 합류하게 되었다.

Net Breaking

4장

빠꼼이와 또라이

기업이 창의적인 사람을 필요로 하는 이유는 분명하다. 그들은 대부분 일을 즐긴다. 지시를 받아 떠밀려서 하는 게 아니라 스스로 생각하고 움직이기 때문에 성과물 또한 온전히 그들의 보람과 자부심이 된다. 그래서 즐기는 사람한테는 못 당한다는 얘기가 있는 것이다.

기업과 조직을 움직여나가는 충성심, 주인의식, 팀워크라는 힘도 그렇게 모인다. 결론적으로 창의력은 후천적으로 개발이 가능하지만 지루하고도 피를 말리는 고통이 따른다. 하지만 일단 배양된 창의성으로 일을 시작하면 금전이나 명예보다도 훨씬 내적으로 충만한 즐거움을 누릴 수 있다. 그를 통해 IQ 115의 범인(凡人)들도 개인과 조직의 동반 성장을 목도하며 세상을 바꿔나갈 수 있는 것이다.

이제 우리는 일 잘하는 방법을 본격적으로 탐구할 준비가 됐다. 네트워크의 가치와 창의력의 함수를 들여다봤으므로 이젠 움직이고 행동하는 능력, 즉 실행력을 살펴볼 때가 됐다는 얘기다. 앞서 언급했듯이 아이디어가 아무리 좋아도 현실 속에서 구현되지 않으면 별다른 효용이 없다. 시도조차 되지 않는다면 한마디로 쓰레기와 다를 바 없다. 능력의 유무를 결정하는 기준은 가시화된 성과요 실행의 결과물이다.

창의성이 영감과 상상력의 바다에서 건져올리는 것이라면 실행은 합리성이라는 토양에서 자라난다. 생성된 아이디어는 합리적이고 체계적인 배양 단계를 거쳐 비로소 구체화된다.

판즈워스의 불운

TV를 발명한 사람은 누구일까? 거의 대부분의 제품에는 발명자(혹은 발견자)가 있는데 유독 TV만큼은 발명자가 뚜렷하지 않다. 전구는 에디슨, 라디오는 마르코니, 전화는 그레이엄 벨로 연결되지만 TV는 딱히 연결되는 사람이 없다. 오랜 시간에 걸쳐 여러 사람이 참여해서 만들었기 때문이다. 하지만 그것만은 아닐 것이다.

1957년 미국의 CBS-TV 프로그램 중에 〈나는 비밀이 있어요〉라는 게임쇼가 있었다. 어떤 인물을 출연시켜 그가 누구인지를 맞추는 게임이었다. 사회자는 영화배우 게리 무어였다. 스튜디오에 출연한 패널들이 주인공에 대해 맞추면 80달러의 상금이 주어졌다. 그날의 출연자는 필로 판즈워스(Philo Farnsworth)라는 사람이었다. 그런데 아무도 그가 누구인지를 맞추지 못해 주인공인 판즈워스가 80달러를 받았다. 게리 무어는 그런 측은한 판즈워스에게 진심으로 고마워하며 이렇게 말했다. "당신이 없었다면 우리는 일자리가 없었을 거예요."

판즈워스가 누구일까? 그는 1907년 미국 유타주에서 태어난 위대한 발명가이다(그러나 이 사람보다 더 철저하게 잊혀진 인물도 없다). 발명가 중에 이 사람보다 더 가난한 사람은 없었다. 그는 오두막에서 태어나(사실 당시 대부분의 미국 사람들은 오두막에서 태어났다. 흔히 링컨에 대해 말할 때 그의 오두막집을 강조하는데 그 시절에는 모두 통나무 오두막집에서 태어났다고 할 수 있다. 이는 조선시대 사람 대부분이 초가집에서 태어난 것과 마찬가지다) 말을 타고 고등학교에 다녔다. 판즈워스는 11세 때 전기를 처음 보았다.

그의 가족은 1919년에 아이다호의 농장으로 이사를 했는데 그는 이곳에서 처음으로 집집마다 전선이 연결되어 있는 것을 보고는 흥분을 금치 못했다. 그는 흥분에 겨워 "이곳에는 전기가 있구나!"라고 소리쳤다.

비록 11세 소년에 불과했지만 그는 창의력을 발휘해 농장에 방치되어 있던 고장난 농기계 부품으로 여러 가지 전기제품을 만들었다. 독학으로 물리학을 공부했으며 밤늦도록 과학책과 잡지를 빌려다보는 탐구광이었다.

어느 겨울 밤 판즈워스는 잡지를 읽다가 '공중을 날아다니는 사진'이라는 제목의 미래 세계에 대한 글을 읽게 되었다. 그 글을 쓴 사람은 엉뚱하게도 전세계의 집으로 '화면과 소리를 동시에 전송할 수 있는 기계'가 언젠가는 나올 것이라고 호언장담을 했다.

대부분의 사람들은 망상에 불과하다고, 또 어떤 사람들은 그런 것이 삶에 무슨 필요가 있느냐고 했지만 판즈워스는 '바로 이것'이라고 생각했다. 이때부터 '공중을 날아다니는 사진'이란 생각이 그의 뇌리에서 떠나지 않았다. 그러나 사실 그때 이미 텔레비전은 여러 발명가들에 의해 구체화되고 있었다. 하지만 지극히 원시적이었다. 판즈워스는 이 분야에 대한 모든 책을 샅샅이 찾아내 읽으면서 공부를 했으나 사진을 빛의 속도만큼 빠르게 전송할 수 있는 딱히 좋은 방법이 떠오르지 않았다.

그러던 어느 날 말을 끌며 감자밭을 쟁기질하던 그에게 불현듯 기발한 생각이 떠올랐다(대부분의 아이디어는 이처럼 불현듯 떠오른다. 그러나 언제나 그에 대한 고민이 머릿속에 잠재해 있어야 한다). 그야말로 20세기를 뒤바꿔놓을 아이디어였다. 판즈워스는 이랑을 따라 감자를 캐나가듯이 전자를 이용해 영상을 한 줄 한 줄 스캔할 수 있으리라 생각했다. 지극히 간단명료한 생각이었으나 놀랍게도 그때 판즈워스의 나이는 불과 14세였다! 이 아이디어는 오늘날 TV의 근간이 되었으며 그는 위대한 발명가의 반열에 오를 수 있었다. 물론 그의 생각이 구체화되는 데는 숱한 고난과 우여곡절, 법정 소송이 있었다.

TV에 최초로 등장한 사람은 판즈워스의 아내 엘마이다. 그녀는 18세 되던 1926년 가난한 판즈워스와 결혼했으며 온갖 고난을 겪으면서 남편의 발명을 도왔다. 그녀의 모습이 사상 최초로 TV에 나온 날은 1927년 9월 7일이었다. 그날의 감격을 그녀는 이렇게 회고했다. "남편과 나는 넋을 잃었지요. 남편은 '우리가 해냈어'라고 말했어요."

판즈워스는 1971년에 사망했으며 엘마는 2006년에 사망했다. 위대한 발명품을 만든 인물이 불과 40년 전까지 살아 있었는데도 그의 이름을 아는 사람이 극히 드무니 참으로 아이러니라 할 수 있다.

▌아이디어의 실행에서 머뭇거리면

잊혀진 발명가이지만 판즈워스가 위대한 것은 사실이다. 따지고 보면 창의성에도 등급이 있다. 종류도 다양하다. 가장 낮은 수준의 창의성을 정의하자면 전세계 모든 사람들의 행동이 모두 창의적이라고 할 수 있다. 침팬지의 행동 역시 창의적이지 않다고 주장할 근거가 별로 없다. 침팬지는 높은 선반에서 바나나를 꺼낼 때 의자와 탁자, 막대기를 목적에 맞게 '천재적인' 방식으로 조립한다. 하지만 버스를 운전하는 행위와 하이네켄 광고를 제작하는 행위를 똑같은 수준이라고 평가할 수 없는 것처럼 침팬지와 인간의 행동을 동일선상에서 비교할 수는 없다.

또 창의성을 발휘해 어떤 제품을 만든 후 그것을 사장시킬 것인가, 활성화시킬 것인가도 중요하다. 에디슨은 발명가이면서 뛰어난 사업가였다. 이는 헨리 포드도 마찬가지다. 그러나 판즈워스는 불행히도 사업가적 기질이 없었다. 그가 비즈니스 감각이 있었더라면 거대한 부를 일구었을 것이다.

창의성에 격차가 있듯이 실행 능력도 천차만별이다. 많은 기업 조직들은 창의적 과정의 아이디어 창출과 실행 단계를 동등하게 중시하지 않고 아이디어 실행 단계를 소홀히 하는 경향이 있다. 그러면 결국 아이디어를 망치고 만다. 대중과 소비자들은 아이디어 창출과 실행 단계를 구분하지 못한다. 그런 종류의 구분에 아예 관심조차 없다. 그렇기 때문에 창의적인 프로젝트의 실행 단계에서 자금을 아끼는 기업은 제아무리 연구개발(R&D) 능력이 뛰어날지라도 성공을 거두기 어렵다. 그만큼 실행의 힘이 중요한 것이다.

기업 편제의 어려움은 이처럼 아이디어 창출과 실행을 하나의 조직, 단일화된 흐름 속에서 엮어야 한다는 것이다. 소비자들이 시장에서 상품과 서비스를 거래하는 것처럼 조직은 구성원들의 창의성과 실행 능력을 사고팔아야 한다.

누구의 어떤 아이디어를 채택할 것인가, 누굴 통해서 그 아이디어를 구체화시킬 것인가의 문제 말이다.

바이올린 G선의 신비

▋다시 요소환원주의를 언급하는 이유

1967년 10월, 베트남 전쟁에 참전한 미국 해군의 전폭기 한 대가 하노이에 추락했다. 조종사는 적군들에게 잡혀 미군 포로수용소인, 일명 '하노이 힐튼호텔'에 감금됐다. 공교롭게도 조종사의 아버지는 미군 태평양함대 사령관이었다. 베트민군은 이를 이용해 반성문을 쓰면 조기에 석방해줄 수 있다고 회유했다. 하지만 조종사는 단호히 거절했다. 그에게 돌아온 것은 혹독한 고문과 독방행이었다. 그렇게 5년 6개월이 지났다. 그는 "모진 고문을 받으면서 많은 동료들이 죽어갔지만 단 한번도 희망의 끈을 놓지 않았기 때문에 살아나올 수 있었다"고 회고했다.

　그 조종사가 바로 2008년 미국 대선에서 버락 오바마와 겨뤘던 미국 공화당 대통령 후보인 존 시드니 매케인 3세다. 매케인은 생애 최대의 시련에 봉착해서도 끝까지 포기하지 않았다. 곤경에 처하면 누구나 스트레스를 받는다. 생명이 달려 있는 문제라면 그 정도는 견디기 힘들다. 스트레스는 의욕과 활력을 저해한다. 스트레스의 가장 큰 해악은 뇌의 보상체계를 빼앗아가는 것이라고 뇌 과학자들은 말한다. 동기와 목표의식을 마비시켜 무기력증으로 몰고가는 것이다.

　매케인 정도는 아니겠지만 스트레스를 받지 않는 현대인들은 거의 없다. 직장인들도 업무가 제대로 안 풀릴 때, 너무나 힘겨운 과제가 주어졌을 때 심한 스트레스를 받는다. 직장인들이 스트레스를 받는 요인은 실로 다양하고 복잡해 모두 열거하기 힘들 정도다.

　문제는 그런 스트레스가 조직 전체를 무위와 무력감, 패배주의로 끌고갈 수 있다는 점이다. "우리는 해도 안돼", "우리는 만년 3류야"라는 자탄은 구성원들의 무기력증이 서로 공명(共鳴)을 한 결과다. 우울증에 따른 모방 자살이 늘어나는 것도 일종의 공명현상이다. 이런 분위기를 바꿔 놓으려면 '안 되는 이유'를 자꾸 찾는 사람들에게 '되는 길'을 알려주고 확신을 심어줘야 한다. 물론 말처럼 쉬운 일은 아니다.

　조직 재건을 위해서는 우선 '전체는 언제나 부분의 합과 같다'는 요소환원주의부터 극복해야 한다. 조직 전체의 경쟁력은 개개인들의 경쟁력을 합친 것보다 훨씬 크다는 사실을 인식시켜줘야 한다는 것이다. 다시 말해, 여느 기업에서 찾아볼 수 있는 "우리는 할 수 있다"는 긍정적인 슬로건 속의 '우리'는 개인의 집합체가 아니라 서로 상호작용을 하는 개인과 그 무한한 관계들의 집합체라는 것이다.

만약에 그렇지 않다면 2002년 월드컵 때 전국을 뒤덮었던 길거리 응원의 양상을 설명해낼 길이 없다. 당시 길거리 응원은 단순한 부분의 합으로 분출된 것이 아니다. 정부가 나서서 강제 동원한 것도 아니고 시민단체들이 얌전한 국민들을 부추긴 결과도 아니다.

그것이 가능했던 이유는 좋은 의미로 공명이라는 매개 작용이 있었기 때문이다. 어떤 이는 그 에너지를 "잠재돼 있던 민족의 신명이 월드컵이라는 커다란 놀이판에서 발산됐다"(임재해 안동대 교수)라고 설명했고 또 다른 이는 "월드컵을 통해 변방 콤플렉스와 패배주의를 떨쳐버리려는 기세"(강정인 서강대 교수)라고 풀이했다.

경위야 어찌됐든 당시 한국인들은 서로 공명을 할 준비가 돼 있었고 욕구 역시 충만했다. 축구의 변방에서 축구를 사랑하는 몇몇 사람들이 '붉은 악마'를 조직했고, 그것이 월드컵 열기와 맞물리면서 일반 대중들까지 '자기 조직화', '자기 복제', '프랙탈의 확대 생산'에 나선 것이다.

▌ 쉴새없이 돌을 던져라

공명의 위력은 우리 생활 속에서도 쉽게 찾아볼 수 있다. 바이올린의 G선을 켜면 떨어져 있는 또 다른 바이올린의 G선이 스스로 울린다. 소리의 진폭이 똑같기 때문에 발생하는 현상이다. 소프라노 가수가 높은 음을 내면 멀리 떨어져 있는 와인 잔이 깨지는 현상도 가수의 목소리와 잔의 진동수가 맞아떨어지는 공명의 원리에 따른 것이다.

공명은 요소환원주의를 깰 수 있는 힘이다. 부분의 합을 전체보다 앞서게 함으로써 정해져 있는 범위를 이탈하고 새로운 질서를 가져다준다.

만약 요소환원주의가 맞는 이론이라면 우리는 약 60조 개의 세포로 구성돼 있는 인체를 언제든지 분해하고 재결합할 수 있어야 한다. 인체 분해-재결합이 불가능한 이유는 세포-조직-기관이라는 하드웨어 외에 같은 목적을 위하여 서로 협조하고 작용하는 기관들의 복잡다단한 상호작용(소프트웨어)이 있기 때문이다.

조직 변화를 위한 공명은 긍정과 낙관에서 시작한다. 조직을 짓누르고 있는 억압을 깨부수고 현상 유지의 논리를 벗어나려면 개인 간의 긴밀한 상호작용을 통한 '새로운 조직화'가 일어나야 한다. 만약 이런 과정이 존재하지 않는다면 이 세상의 승패, 흥망성쇠는 고정돼 있을 수밖에 없다. 2등이 1등을 따라잡는 역전도 생겨날 수 없다.

과거의 패배를 미래의 성공으로 바꾸는 비결은 사실 마음에 있다고 많은 기업인들은 얘기한다. 긍정적 사고가 대표적이다. 조직 간 승부는 조기에 뒤집히지 않는다. 쉽지도 않다. 상대도 최선을 다할 것이기 때문이다. 이런 상황을 타파할 수 있는 최고의 힘은 긍정과 낙관이다.

미국 노스캐롤라이나대학의 바버라 프레데릭슨(Barbra Frederickson) 교수는 긍정적인 마음이 스트레스를 날려버릴 뿐만 아니라 새로운 정보를 학습하고 문제를 해결하는 능력을 키워준다는 연구결과를 발표했다. 스트레스가 앗아간 목표의식을 되찾아올 때도 긍정적인 마음이 반드시 필요하다고 했다.

이런 마음이 조직 내에서 공명을 시작할 때 긍정의 자기복제가 확산되고 경쟁력이 높아진다. 이렇게 복잡한 얘기를 하지 않아도 성공한 경영자들은 대개 이런 원리를 알고 있다.

잔잔한 호수에 누군가 돌을 던지면 일시적으로 파장이 생기지만 곧 잠잠해진다. 하지만 여러 사람이 지속적으로 던진다면 그 파문은 쉴새 없이 물결을 치고 앞으로 나아간다. 여러 사람이 힘을 가하면 반복적인 변화가 나타나고 그것으로 새로운 질서가 만들어지는 것이다. 많은 기업인들이 얘기하는 혁신이라는 것도 사실 이것과 별로 다를 바가 없다. "모든 일은 마음먹기에 달려 있다"는 경구는 조직에도 예외가 아닌 것이다.

지휘자 없는 오케스트라

어떻게 판을 짤 것인가

모든 오케스트라에는 지휘자가 있다. 지휘자는 한 곳에 소속되어 있기도 하지만 자유스럽게 지휘를 맡기도 한다. 20세기의 지휘자 중에서 가장 유명한 사람은 오스트리아 출신의 카라얀이다. 우리나라 관광지에 가면 나무에 인두로 새긴 그림이 죽 걸려 있는데 그중 지휘봉을 들고 고독한 표정을 짓고 있는 인물을 볼 수 있다. 그 사람이 바로 카라얀(Herbrt von Karajan)이다.

그는 정말 바쁘고 유명한 인물이었는데 심지어 이런 유머가 전해진다. 한번은 그가 택시를 타자 운전기사가 물었다. "어디로 가시나요?" 그러자 카라얀은 이렇게 대답했다. "아무 곳이나 가시오. 어디로 가든 일이 있으니까.”

하지만 카라얀은 3번의 이혼을 했고, 2차대전 시절에는 나치에 입당한 전력이 있어 부정적 평가가 끊이지 않는 것도 사실이다. 그는 1984년 베를린필하모니오케스트라를 이끌고 우리나라를 방문해 세종문화회관에서 공연을 했다. 통상 다른 나라를 방문하면 양국의 국가(國歌)를 연주하는 것이 관례인데 카라얀은 국가를 생략했다. “한국이 민주주의가 덜 성숙한 나라이기 때문에”라고 했다는 말이 전해진다.

카라얀 외에도 20세기의 명연주자로는 아루트르 토스카니니(Arturo Toscanini), 브루노 발터(Eigentlich Bruno Walter Schlesinger), 게오르그 솔티(Georg Solti), 레너드 번스타인(Leonard Bernstein) 등이 일반인에게 널리 알려져 있다. 우리나라 지휘자로는 정명훈이 가장 유명하고 금난새도 빠지지 않는다.

그런데 앞으로는 이런 명지휘자를 못볼 수도 있다. 지휘자가 없는 오케스트라가 있기 때문이다. 2009년 1월 세계적인 바이올리니스트 장영주와 함께 내한 공연을 가진 미국의 오르페우스체임버오케스트라(Orpheus Chamber Orchestra)에는 지휘자가 없다. 팀원들이 스스로 악보를 해석하며 악장과 수석도 직접 선정한다.

OCO는 1972년 줄리어드 음대 출신의 프리랜서 첼리스트 줄리언 파이퍼(Julian Fifer)가 창단한 오케스트라이다. 공식 데뷔 무대의 타이틀은 ‘뮤직 마이너스 원’이다. 여기서 ‘원’이란 바로 지휘자를 가리킨다. 즉 ‘지휘자가 없는 음악’이라는 뜻이다.

연주가로 활동하면서 파이퍼는 교향악단 단원들의 직업만족도와 성취감이 낮다는 데에 주목했다. 중앙집권적 권위주의의 산물인 지휘자가 전권을 행사하는 한 예술적 독창성 추구는 사실상 불가능하기 때문이다. 이에 대한 실증적 연구도 있다. 1990년대 초 하버드대 심리학 교수 리처드 해크맨이 미국 등 4개국의 78개 오케스트라 단원들을 대상으로 실시한 조사에서 직업만족도는 연방교도소 경비원과 비슷한 수준이었다. 놀라운 결과였다. 사회적으로 인정을 받는 예술가들의 직업만족도가 예상보다 아주 낮았던 것이다.

20여 년 전부터 이를 알고 있었던 파이퍼는 지휘자를 두지 않고 단원들의 의견을 수렴해 악단을 운영한다. 순회공연을 가는 곳마다 경영 워크숍도 함께 진행한다. 연습 도중 토론과 합의 과정을 공개하는 것이다. 이 오케스트라는 2001년 그래미상을 수상할 정도로 뛰어난 연주력을 발휘했다. 경영학계의 전설적 이야기꾼인 피터 드러커는 "미래 기업은 바로 이 오케스트라처럼 움직일 것"이라고 말했다. 악보를 읽고 해석하는 상상력과 음감의 조화를 이루는 상호협력이야말로 기업 조직의 혁신적인 모델이라는 것이다.

재능을 조직하라

중견기업 CEO A씨, 그는 얼마 전에 경영 관련 조찬모임을 마치고 나오면서 "성공 비결이라는 게 다 말장난 아닙니까"라고 말했다. 귀중한 시간과 돈을 들여 나왔지만 뭔가 허망하다는 얘기였다. 사실 그의 말이 옳을 수도 있다. 성공한 사람들이 들려주는 말은 엇비슷하다. 그리고 누구나 아는 이야기이다. 혁신하라, 시간 약속을 잘 지켜라, 틈새를 찾아라, 인재를 찾아라, 인맥을 넓혀라, 에너지 넘치는 삶을 살아라……(그럼에도 불구하고 성공학 관련 책이 끝없이 쏟아져 나오는 이유는 이런 법칙이 실제 유용하지 않거나 사람들이 그대로 실천하지 않기 때문일 게다).

그러나 아무리 눈을 부릅뜨고 귀를 크게 세워도 성공하기 어려운 것이 비즈니스의 세계다. 개인 역량과 조직 경쟁력이 성숙되지 않는 한, 성공의 그림자는 결코 어른거리지 않는다.

기업 경쟁력은 조직의 힘에서 나온다. 개인은 조직의 편제를 통해 생각과 일을 나누고 결합한다. 물론 항구적으로 우수한 편제라는 것은 없다. 만약 그런 게 있다면 과거 대우와 2008년 리먼브라더스의 몰락을 설명할 길이 없다. 조직 간, 기업 간 힘의 역전 현상을 풀이해낼 길이 없는 것이다.

그렇다면 어떤 조직이 지고 어떤 조직이 뜨는가? 이 흥망의 비밀코드가 해제되는 순간 일하는 방식이 바뀌고 경쟁력이 솟아난다. 우리는 1979년 일본 후지쯔 연구원의 컬러 PDP 기술 개발사례를 통해 개인의 소박한 아이디어가 조직의 지원과 협력을 기반으로 어떻게 성공을 거두는지를 포착할 수 있다.

성공 스토리를 떠받치는 두 가지 축은 창의성과 실행 능력이다. 창의성은 천재의 고독한 영감이 아니다. 조직의 지식과 상상력을 기반으로 생겨난다. 지식의 크기와 상상력의 넓이가 그 원천이다. 실행 능력은 팀워크와 네트워크에 달려 있다. 팀워크는 눈에 보이지 않는 열정과 배려를 먹고 자란다. 네트워크는 조직과 조직, 조직과 외부를 연결하는 능력이다. 빈 공간을 찾아 오버래핑을 시도하는 축구선수처럼 전체 업무를 조망하는 입체적인 사고와 커뮤니케이션 능력이 필수적이다.

기업은 이 모든 능력을 편제에 담는다. 전략과 열정은 편제를 통해 구현된다. 한마디로 편제는 기업의 재능을 조직하는 틀이다.

▮ 리카온은 때론 사자를 공격한다

사하라사막 이남에 서식하는 아프리카 들개 리카온(Lycaon pictus)은 사냥 전에 반드시 작전회의를 한다. 10여 마리가 서로 빙글빙글 돌면서 눈빛을 교환한다. 지휘자를 포함해 각자 역할이 주어지고 컨디션이 좋지 않은 리카온은 배제된다. 회의가 끝나면 찍어놓은 먹잇감을 향해 주저없이 돌진한다. 주로 영양이 타깃이다.

리카온 떼는 200kg이 넘는 사자를 공격하는 경우도 있다. 어렵사리 포획한 영양을 사자가 빼앗으려고 할 때다. 아무리 수가 많다고 해도 30kg 정도에 불과한 리카온이 사자를 당해낼 수는 없다. 하지만 리카온 떼는 결코 주눅이 드는 법이 없다. 사냥이 불가능할 정도의 큰 상처를 입어도 끝까지 돌봐주는 동료들이 있기 때문이다. 리카온의 조직력은 거친 생존본능이 지배하는 사바나 초원에서 이례적일 정도로 탄탄하다. 하이에나보다도 훨씬 작은 몸집을 갖고도 당당한 포식자의 일원으로 살아남는 비결이다.

바야흐로 조직개편의 시대다. 더 우수한 조직과 편제를 내놓지 않으면 경쟁에서 밀릴 수밖에 없는 세상이다. 2008년 포스코는 조직개편을 단행하면서 팀장직을 없애버렸다. 관리하고 지시만 하는 팀장은 필요없다는 취지였다. 당시 이구택 회장은 "모든 조직을 실행형 조직으로 바꾸라"고 했다.

삼성전자는 매년 조직개편을 한다. 2007년 삼성테크윈의 디지털카메라 사업부 지휘권을 넘겨받은 데 이어 2008년엔 생활가전총괄 조직을 디지털미디어총괄로, 컴퓨터 사업부를 정보통신총괄로 각각 이관시켰다. 2009년에는 4대 총괄사업부를 아예 2개로 통폐합하는 혁신을 단행했다. LG전자는 '일하는 조직'을 표방한 남용 부회장 취임 이후 350여 명의 본사 인력을 영업이나 마케팅, 개별 사업조직으로 내려보냈다.

물론 편제 자체가 좋은 전략과 뜨거운 열정을 가져다주는 것은 아니다. 좋은 편제는 베낄 수 있다. 충분히 모방할 수 있다. 하지만 그것으로 좋은 조직을 만들 수 있는 것은 아니다. 완전히 차원이 다른 얘기다. 편제의 비밀은 바로 여기에 있다.

목숨을 각오하고 덤벼드는 용맹함과 부상당한 동료의 먹을거리를 챙겨주는 팀워크가 없다면 리카온의 편제는 그저 오합지졸의 들개떼로 전락할 뿐이다.

전쟁도 편제에서 판가름난다

사실 따지고보면 아득한 옛날의 전쟁도 군사편제 간의 경쟁이었다. 고대 국가에서 가장 잘 정비되고 정예화된 조직이 바로 군대였다.

기원전 2세기 알프스를 넘어 로마로 진격한 카르타고의 한니발 장군은 군사력 열세를 딛고 종횡으로 이탈리아반도를 유린한 인물로 유명하다. 당시 로마군은 지구상에서 가장 강력한 중장갑보병으로서 청동갑옷과 온몸을 가릴 수 있는 방패 그리고 약 60cm 정도의 칼을 지니고 있었다. 로마군은 직사각형꼴의 밀집대형을 이룬 뒤 적의 화살과 창의 공격을 막으며 진군하는 전술을 사용했다. 보병과 기병의 비율은 10대 1 정도였으며 기병대는 그저 말을 타고 싶어 하는 귀족이나 명망가 출신들로 채워져 있었다.

하지만 당시 병력의 50%를 잘 훈련된 기마병으로 보유하고 있던 한니발은 칸나이 대회전에서 7만 명의 로마군을 섬멸시키는 데 성공했다. 한니발의 총병력은 고작 1만 명에 불과했지만 밀집대형으로 늘어서 있던 로마군은 측면과 후방에서 들이닥치는 한니발 군대의 말발굽에 철저하게 짓밟혔다. 제아무리 강한 방패와 긴 창을 갖고 있다 하더라도 기병의 무차별적인 진격에는 대오를 유지할 수 없었던 것이다.

하지만 한니발은 나중에 자신의 편제를 그대로 모방한 로마의 또 다른 군사영웅 코르넬리우스 스키피오에게 패하고 만다. 칸나이전투에서 겨우 살아남은 스키피오는 한니발의 모국인 카르타고를 정복해 한니발을 이탈리아에서 떠나도록 만들었다. 스키피오는 로마의 중무장보병에 한니발의 기마병 편제를 이식해 끝내 카르타고를 멸망시키는 데 성공한 것이다.

군사편제의 중요성은 중세 유럽을 휩쓸었던 몽골군에서도 그대로 드러난

다. 당시 몽골군이나 유럽의 군대는 모두 기마전에 능했지만 한 가지 차이점
이 있었다. 몽골군은 달리는 말 위에서 활을 쏠 수 있었다는 점이다. 그만큼
말을 다루는 데 능숙했고 기동력이 좋았다는 얘기다. 그저 철갑으로 몸을 두
르고 긴 창으로 적과 격돌하는 데 익숙했던 유럽 기병들은 사방에서 날아드
는 화살에 속수무책이었다. 대개 병력 숫자로 판가름 나던 과거 전투에서도
편제는 이처럼 승패에 결정적인 역할을 했다.

보이지 않는 네트워크를 구축하라

▌할머니는 왜 고구마를 잘 캘까

농사를 짓는 시골 할머니들은 1번의 호미질로 3~4개의 고구마를 캐낸다. 젊은 사람보다 힘은 없지만 고구마를 캐는 생산성은 몇 배나 높다. 고구마와 줄기들이 땅속에서 서로 어떻게 연결돼 있는지를 잘 알고 있기 때문이다. 다시 말해, 할머니가 지닌 능력은 네트워크를 활용하는 힘인 것이다.

작은 힘이 모여 큰 힘을 역전시키는 마지막 동력은 '소프트파워'다. 디자인, 브랜드, 이미지, 콘텐츠 등과 같은 소프트파워는 아이디어가 많고 학습 속도가 빠른 소조직에서 더 창발한다. '1인 기업'이 존재할 수 있는 이유이기도 하다.

기업 조직에서 네트워크를 가장 효과적으로 활용하고 있는 곳은 미국의 델컴퓨터이다. 델컴퓨터는 세계 5대 컴퓨터 메이커로 '소비자 직판'을 기업의 강점으로 삼는다. 이 회사는 지금도 컴퓨터 판매장이 없으며 오직 인터넷과 우편, 전화주문으로만 컴퓨터를 판매한다. 또한 미리 컴퓨터를 만든 후 판매하는 시스템이 아니라 고객의 주문이 들어오면 그에 맞춰 컴퓨터를 조립한다. 상품을 많이 만들어놓고 고민하는 어리석은 짓(?)은 하지 않는다는 전략이다.

델컴퓨터를 세운 마이클 델(Michael S. Dell)은 원래 텍사스대학 의과대학생이었다. 그가 텍사스대학에 입학했던 1984년(델은 1965년생이다. 거대기업의 창업자 중 가장 어린 사람에 속한다)은 IBM과 컴팩, 애플 등 공룡기업들이 컴퓨터 시장을 놓고 치열한 각축전을 벌이고 있었다. 그는 그때 19세에 불과했지만 IBM에 대적할 컴퓨터 회사를 차리겠다는 야망을 품었다. 당연히 사람들은 코웃음조차 치지 않았다. 그러나 불과 10년도 지나지 않아 그 꿈은 이루어졌으며 IBM은 컴퓨터 제조에서 완전히 두 손을 들었다.

▌고집을 꺾었더라면

델은 어렸을 때부터 사업가적 기질이 농후했다. 12세에 중국 식당에서 접시 나르는 일을 한 후 약간의 돈을 손에 쥐었으며 이를 바탕으로 사업을 시작했다. 친구들에게 우표를 위탁받아 우표수집인들에게 파는 중개상 역할을 한 것이다. 당시 우표는 중개상을 통해 수집인들에게 건네졌는데 델은 중개상을 모두 배제하고 자신이 직접 수집인들에게 팔아 적지 않은 수입을 올렸다. 델은 이때 직판의 장점을 파악하고 이를 평생의 사업철학으로 삼았다.

그는 15세 생일선물로 애플II를 선물 받았는데 받자마자 분해해버렸다. 이를 안 부모가 몹시 화를 내자 다시 그 자리에서 컴퓨터를 완벽하게 조립했다. 이 과정에서 그는 컴퓨터의 구조를 훤히 꿰뚫게 되었다. 훗날 그가 19세의 나이로 컴퓨터 사업을 하겠다고 나섰을 때 그 누가 말릴 수 있었겠는가.

결국 델은 의과대학 1학년을 마치고 부모의 만류에도 불구하고 학교를 자퇴했다(그의 아버지는 정형외과 의사였기에 아들이 자신의 뒤를 잇기를 간절히 바랐다). 그가 만약 그때 자신의 고집을 꺾었더라면 지금 텍사스의 한 도시에서 평범한 의사로서의 삶을 살고 있었을 것이다(그것이 나쁘다는 것이 아니다. 자신이 원했던 꿈을 이루지 못했다는 뜻이다). 델은 학교를 자퇴하기 1주일 전에 자신의 이름을 따 회사를 창업했다. 직원은 그 혼자였고 창업자금은 1,000달러, 회사는 그의 기숙사 방이었다. 정말 작은 곳에서 시작한 회사가 훗날 세계를 석권하는 대기업이 된 것이다. 현재 델의 전세계 매출액은 30조 원이 넘는다.

델은 이후 반도체 부품, 생산, 포장, 배송, 애프터서비스 분야의 외부 전문기업들을 정교한 네트워크로 통합해 하나의 기업처럼 움직이는 조건반사형 조직을 구축했다. 이를 통해 PC 판매가격을 획기적으로 낮추는 데 성공함으로써 IBM과 같은 전통의 강자들을 시장 밖으로 쫓아버렸다.

국내 온라인게임 산업도 네트워크를 활용해 성장한 대표적인 산업이다. 특히 한국의 게임업체들은 게임은 혼자서 하는 것이라는 상식을 파괴하고 모르는 사람들을 온라인에서 네트워크로 연결해 단숨에 수조 원 대의 산업으로 키웠다.

넥슨을 창업한 김정국 넥슨홀딩스 사장은 혼자 하거나 1대 1 정도가 고작이었던 게임을 네트워크로 연결해 여럿이 한꺼번에 할 수 있는 '바람의 나라'를 1996년에 개발했다. '바람의 나라'는 동시에 10만 명이 접속하는 등 인기를 끌었고 네트워크에 착안한 다수의 온라인게임이 나오는 계기가 됐다. 이후 한게임, 리니지 등 온라인게임 히트작들이 나오면서 게임 변방 한국을 세계 게임의 중심지로 만드는 역할도 했다.

▌과연 수도꼭지에서 물이 나올까

영화가 발명된 이후 수많은 나라에서 수많은 영화가 제작되었다. 지금까지 제작된 영화는 모두 몇 편이나 될까? 정확한 통계는 없지만 10만 편 정도 되지 않을까 추산한다(참고로 네이버의 영화슈퍼DB에는 한국영화 1만 3,144편, 외국영화 4만 3,000여 편이 등록되어 있다). 이 많은 영화 중에서 여자가 등장하지 않는 영화가 있다. 처음부터 끝까지 단 한 명의 여자도 나오지 않는 영화가 있다. 팀 로빈스와 모건 프리만이 주연한 〈쇼생크탈출〉에도 여자 주인공은 없다. 조연도 등장하지 않으며 다만 엑스트라 몇 명만 나올 뿐이다. 처음부터 끝까지 남자 일색이다. 그보다 더 심한 영화가 딱 한 편이 있으니 바로 〈아라비아의 로렌스〉이다.

이 영화는 영국 정보국 소속 장교 토마스 에드워드 로렌스(T.E. Lawrence)라는 실존인물을 바탕으로 1962년 완성된 영화이다. 1963년 제35회 아카데미 시상식에서 작품, 감독, 촬영, 편집, 미술, 음악, 녹음 등 7개 부문을 수상한 명작으로 손꼽힌다.

로렌스는 1888년 태어난 영국의 군인이자 고고학자이며 아라비아 민족운동의 원조자이다. 메소포타미아의 유적 발굴에 종사하고 1차대전 중 육군 정보장교로 카이로에 파견되어 활약했다. 처칠의 아랍문제 고문으로서 아라비아의 독립에 힘을 기울였으나 1935년 제대한 후 안타깝게도 오토바이 사고로 사망하고 말았다. 그는 1926년에 《지혜의 일곱 기둥(*The Seven Pillars of Wisdom*)》이라는 책을 썼는데 거의 90년 만인 2006년에 각고의 노력 끝에 우리나라에서도 완역이 되었다.

그에 관한 재미있는 일화가 있다. 로렌스는 1919년 파리 만국박람회에 12명의 아랍인을 데려왔다. 생전 처음 외국여행을 하게 된 아랍인들은 호텔 목욕탕의 수도꼭지를 보고 무척 신기하게 생각했다. 단 한번의 작동으로 물이 콸콸 쏟아졌으니 그럴 법도 했다. 그들은 마음껏 목욕을 즐겼으며 관광은 안중에도 없었다.

로렌스를 정말 당혹케 한 사건은 그들이 귀국하는 날 터졌다. 호텔 로비에 도착한 로렌스는 약속한 시간에 아랍인들이 나오지 않자 호텔 직원과 함께 객실로 올라갔다. 아랍인들은 놀랍게도 수도꼭지를 떼어내려고 안간힘을 쓰고 있었다. 황당해 하는 로렌스에게 아랍인들은 이렇게 얘기했다.

"이걸 가져가면 아랍에서도 마음껏 목욕을 할 수 있잖아요."

영화에서나 나올 법한 이 얘기는 실화다. 아랍인들은 수도꼭지가 물을 만들어내는 것으로 생각했던 것이다. 그들은 수도꼭지 뒤에 물을 만들어내는 거대한 메커니즘이 있다는 사실을 알지 못했다. 수도꼭지-파이프-수도관-저수지로 연결된 네트워크 말이다.

세상은 네트워크로 연결돼 있다. 네트워크는 관계와 관계의 연결이다. 네트워크에는 중앙과 주변이 따로 없다. 어떤 네트워크든 관계의 확장 여부에 따라 중앙이 될 수도 있고 주변이 될 수도 있다. 중앙이 따로 없다보니 통상 연결형 조직에 따르기 마련인 지시나 통제도 없다. 정보가 흐르는 길도 일정한 방향이 없다.

2008년 자살로 생을 마감한 '최진실 사건'에서도 네트워크의 궤적을 그려볼 수 있다. 루머 생산자-유포자-증권사 메신저-인터넷-일반인으로 연결된 것이다. 연예계에 떠도는 이른바 '최진실 사단', '유재석 사단' 역시 그 구성원들의 관계를 쌍방향, 다방향으로 연결할 수 있다.

몇 년 전 A방송사 프로그램은 연예계 최고의 마당발을 조사한 적이 있다. 한때 개그우먼으로 활동했던 박경림이 첫 손가락에 꼽혔다. '박경림이 아는 사람', '박경림을 아는 사람' 모두를 조사해봤더니 그녀의 거미줄이 가장 촘촘하고 넓었던 것으로 밝혀졌다. 몇 년 전 그녀의 결혼식에 엄청난 숫자의 연예인들이 몰렸던 것은 익히 알려진 사실이다.

기업인의 눈으로 보면 박경림은 사업을 해야 할 사람이다. 비즈니스 성공의 요체는 네트워크에 달려 있다. 박경림은 연예계 네트워크의 허브요 중심이다. 하지만 이 '중심'은 또 다른 마당발이 나타나면 주변으로 밀린다.

▌네트워크는 때론 자연보다 강하다

그렇다면 네트워크는 왜 중요한가. 관계를 맺으면 시너지가 생기기 때문이다. 기러기는 V자 대형(일명 안행형)으로 날 때 가장 멀리, 빨리 간다. 안행형으로 이동하면 혼자 나는 것보다 70%의 거리를 더 이동할 수 있다. 그 이유는 가장 앞에 선 기러기로부터 양력(위로 뜨는 힘)을 받을 수 있기 때문이다. 먼 거리를 날아가야 하는 철새들에겐 공기저항을 최소화하는 것이 가장 중요하다. 작은 날갯짓으로도 공중에 떠 있어야 한다. 한 마리의 새가 다른 새의 날개 끝에서 날아간다면 뒤에서 나는 새는 앞에서 발생한 양력을 이용해 효과적으로 비행을 할 수 있게 된다.

사람들이 만드는 네트워크는 자연이 설계해놓은 시너지보다 훨씬 강력한 힘을 발휘한다. 기러기는 본능으로 시너지를 내지만 조직은 협력과 전략으로 부가가치를 창출한다.

'메칼프의 법칙(Metcalfe's Law)'이라는 게 있다. 네트워크의 가치는 사용자 수의 제곱에 비례한다는 것이다. 이는 3Com의 설립자이자 컴퓨터 네트워크를 위한 안정된 프로토콜인 이더넷(Ethernet)이라는 근거리 네트워킹 기술을 발명한 밥 메칼프(Bob Metcalfe)가 주창한 것이다(메칼프는 제록스의 연구원이었으나 통신회사인 3Com을 세워 세계적인 기업으로 키웠다). 예컨대 A그룹의 회원 수가 10명이고 B그룹의 회원 수가 100명이면 회원의 수로만 보면 10배의 차이가 난다. 그러나 B의 가치와 활용도, 네트워크는 A보다 10배가 아닌 100배가 된다. 네트워크는 어느 시점에서 대폭 확장되기 때문이다.

네트워크의 가치가 극명하게 드러나는 게 인터넷이다. 사용자 수가 늘어날수록 이용가치는 더 폭발적으로 증가한다. 쌍방향 네트워크는 시너지 확대를 가속화한다. 몇 년 전 미국 옥션닷컴 주식의 50%가 1,500억 원의 가격에 이베이에 양도됐다. 옥션 설립과 유지에 들어간 비용은 그보다 훨씬, 아주 훨씬 작았다. 2002년 아메리칸온라인(AOL)과 타임워너의 합병은 사실상 네트워크 기업이 콘텐츠 기업을 포획한 사례였다. 결과는 그다지 신통치 않았지만 그만큼 네트워크의 가치가 높아진 세상이다.

통상 기업들이 M&A를 추진하는 이유는 피인수 대상 기업의 지식과 네트워크를 흡수하기 위한 것이다. 과거엔 해당 기업이 갖고 있는 자산이나 설비가 중요한 기준이었지만 요즘엔 눈에 보이지 않는 무형자산이 1차적인 기준이다. 두산은 미국의 건설기계회사인 밥캣(Bobcat company)을 인수할 때 "밥캣이 미국 시장에 갖고 있는 네트워크와 판매 역량에 주목했다"고 밝혔다. M&A에 가장 보수적인 입장을 취하고 있던 삼성전자가 최근 세계적인 반도체 특허기업인 샌디스크를 인수하려는 것도 첨단기술과 양산만으로는 세계 시장의 주도권을 확장할 수 없다는 판단에 따른 것이다. 결국 M&A는 외부 네트워크를 확장하는 가장 강력한 수단인 셈이다.

M&A보다 약한 수단으로는 전략적 제휴와 기술-자본-판매 제휴 등이 있다. 하지만 계약서를 동반하지 않는 네트워크의 확장은 어떻게 가능할까. 바로 전략과 팀워크, 아이디어와 실행 능력에서 나온다. '빠꼼이(경계확장자)'들이 갖고 들어오는 정보나 지식을 활용해 새로운 아이디어를 만들고 새로운 사람과 조직들을 만나야 한다.

네트워크의 가치를 높이기 위해서는 외부 못지않게 내부 네트워크의 역할도 중요하다. 정보수집-아이디어 창출-의사결정-부서 간 협력-실행이라는 프로세스에서 조직 내 수많은 네트워크들이 가동되기 때문이다. 하지만 만약 어떤 이유로 협력시스템이 작동하지 않는다면 어떻게 할 것인가. 네트워크를 연결하는 줄들이 느슨하거나 끊어져 있다면 어떻게 할 것인가.

만약 어떤 조직이 네트워크 자체에 결함이 없는데도 협력이 잘 안 된다면 대개 그 이유는 '사람'에게 있다. 고집이 세서 다른 의견을 들으려고 하지 않거나 아니면 지독하게 게으르거나 한 사람들 말이다.

또라이를
어찌할 것인가

█ 결코 창의적일 수 없는 사람들

그 옛날 여성들을 사로잡은 미남 가수 중의 한 명이 전영록이다. 그는 가수이면서 배우였고 배우이면서 방송인인 만능 엔터테이너였다. 어느 날 갑자기 연예계 활동을 중단했지만 그는 가히 한 시대를 풍미한 쾌남아였다. 그는 〈대학들개〉, 〈독불장군〉 등 여러 편의 영화에 출연했다. 그중 하나가 〈돌아이〉라는 영화다. 지금의 관점에서 보자면 정말 또라이 같은 영화이지만 당시에는 그럭저럭 인기가 있었다. 요즈음 돌아이의 계보는 머리를 노란색으로 물들이고 TV에 나와 쉴새없이 떠들어대는 노홍철로 이어진다. 다른 점이 있다면 그는 돌아이가 아니라 '돌+아이'이다.

또라이는 어떤 사람인가? 또라이의 어원은 제대로 알려져 있지 않다. 또 이 단어를 쓰는 사람에 따라 의미도 조금씩 달라진다. 그러나 긍정적 의미보다는 부정적 의미가 강한 것은 확실하다(영화 〈돌아이〉에서는 영어로 Crazy Boy로 표기했으나 또라이가 '미친놈'은 아니다).

'고집쟁이'나 '게으름뱅이'보다 훨씬 더 조직에 해악을 끼치는 이들은 세칭 '또라이'라고 불리는 사람들이다. 좋은 의미의 '또라이'는 영감과 감성이 너무 풍부해 다른 이들과 쉽게 갈등을 일으키고 잘 소통하지 못하는 사람들이다. 애플의 창업자 스티브 잡스가 이 분류에 가깝다고 볼 수 있다.

세기의 권투선수 무하마드 알리도 비슷한 케이스. 그는 1960년 로마올림픽에 출전해 첫 무대에서 금메달을 땄다. 그는 금의환향했지만 어렵게 딴 메달을 분노에 차서 오하이오 강에 던져버렸다. 흑인에 대한 처우가 형편없던 시절이었다. 이후 프로복서로 전향한 뒤 링 위에서 미친 듯이 주먹을 휘둘러댔다. 1964년 2월 25일 알리가 헤비급 세계 챔피언 소니 리스튼을 6라운드에서 KO로 눌렀을 때 사람들의 입방아에 오를 또라이 기질을 발휘하기 시작했다.

심판이 알리의 손을 들어 새로운 챔피언의 등장을 외치자 알리는 이렇게 떠들어댔다. "나는 왕이다! 세상의 왕이다!" 언론은 그를 '입만 살아 있는 선수', '주둥이'라고 비아냥거렸다. 결국 또라이라는 뜻이다. 사람들이 알리의 진정한 가치를 알고 그의 업적을 인정하는 데는 거의 30년이 걸렸다. 만약 알리가 단 한번의 챔피언 우승으로 끝났더라면 그는 또라이 복서로 영원히 기록되었을 것이다.

하지만 나쁜 뜻으로 사용되는 '또라이'의 공통점은 자기중심성─배

타성-몰염치로 요약된다. 정당한 이유없이 동료들을 불편하게 만들고 스트레스를 받게 만드는 존재다.

기업이나 조직에서 성과를 발휘하는 사람은 결코 또라이 기질을 발휘하지 않는다. 설사 그런 행동을 했다 해도 좋은 성과를 올리면 그러한 행동은 새로운 시험으로 받아들여진다. 그러나 대부분의 진짜 또라이는 성과를 올리지 못한다.

조직행동 분야의 세계적인 권위자인 스탠퍼드대학의 로버트 서튼(Robert I. Sutton) 교수는 《*The No Asshole Rule*》(우리나라에서는 《또라이 제로 조직》이라는 제목으로 번역되었다)이라는 저서를 통해 이런 부류의 또라이들을 조직에서 척결해야 한다고 주장했다. "비열하고 성격이 나쁜 또라이들은 조직 전체의 건강과 생산성을 떨어뜨려 회사의 성장을 가로막는다"는 것이 그의 요지다.

그동안 상식에 입각해 여러 기업 관계자들에게 이런 질문을 던져보았다.

"성격은 (남을 불편하게 만들 정도로) 나쁘지만 맡은 일은 잘하는 사람은 어떻게 해야 하죠?"

절충형 질문에 비해 대답은 단도직입적이었다. 마창민 LG전자 마케팅 팀장은 "나쁜 성격으로 일을 잘할 수 있는 사람은 없다"고 잘라 말했다. 일을 잘하려면 다른 사람들과 소통을 하는 과정에서 이해를 구하고, 때로는 설득을 해야 하는데 그게 되겠느냐고 반문했다.

또 다른 기업인은 질문 자체가 잘못됐다고 면박을 줬다. 그는 "또라이 옆에는 사람들이 모이지 않는다. 지독하게 자기중심적이기 때문에 사람들은 옆에 가면 뭔가 상처를 입을 것 같은 피해의식을 갖게 된다"

고 말했다. 결론은 역시 일을 잘할 수 없고, 조직 내에서 성공하기도 어렵다는 것.

지금 당신의 조직에는 어떤 또라이들이 있는가. 혹시 그들이 약간의 재능을 믿고 활개치고 다니는 것은 아닌가. 또라이는 또라이로 그치고 만다.

█ 술집 전전하는 좀비들

조직은 믿기 어려울 정도로 복잡한 업무를 처리한다. 누구든 혼자서는 그 일을 수행할 수 없다. 한 사람이 팀 전체에 영감을 불어넣을 수는 있지만 모든 일을 다 처리할 수는 없다. 예컨대 자동차 한 대를 조립하기 위해서는 대략 2만 개의 부품이 필요하다(여기에 대해서는 이견이 분분하다. 어떤 사람은 최대 3만 개라고 말하고 어떤 사람은 정확히 알 수 없다고 말한다. 담당자나 설계자는 자신이 맡은 분야만 책임지기 때문이다). 만약 혼자서 이 부품을 모두 조립해 자동차를 만든다면 1년이 걸려도 완성하지 못할 것이다. 그러나 여러 사람이 협력을 하기에 빠른 시간에 조립이 가능하다. 그래서 팀으로 활동하는 것이다. 다른 대안은 없다. 조직 내에서 가장 이기적인 사람들도 팀을 구성하지 않고는 일이 안 된다는 사실을 알고 있다. 이는 관리, 인사, 마케팅, 개발, 홍보, 디자인, 생산 등 모든 분야가 마찬가지다.

통상 팀원들에게는 역할이 부여된다. 업무에 칸막이가 생기고 책임 소재가 가려져 있다. 문제는 구성원들의 자질과 특성이 천차만별이라는 데 있다. 어떤 사람은 창의적이고, 어떤 이는 덜 창의적이고, 또 다른 구성원은 차라리 관리형-방어형에 가깝다. 누구나 상호협력의 필요성, 그 중요성에는 공감하지만 도대체 어떻게 그것을 구현할 것인가에 대해서는 정답이 없다. 한마디로 그때그때 다르다.

바로 그런 사정 때문에 요즘 기업들은 하부 조직을 더욱 작고 수평적인 구조로 만든다. 팀워크가 이뤄지기 쉽고 의사결정도 빨라지기 때문이다. 좋은 조직은 겉으로 칸막이가 처져 있어도 내부적으로는 얇은 커튼이 드리워져 있을 정도의 근접성과 친밀성을 갖고 있다. 상호 업무에 대한 이해의 폭이 깊고 서로 역할이 중복되는 분야에서의 교감도 잘 이뤄진다.

하지만 작을수록 협력이 잘된다는 보장은 어디에도 없다. 오히려 의견대립이 감정싸움 양상으로 번질 때도 적지 않다. 예를 들어 휴대폰 디자인을 놓고 A타입을 주장하는 사람과 B타입을 주장하는 이가 맞섰다고 하자. 두 사람은 시장과 고객을 우선적인 고려 기준으로 놓을 것이다. 하지만 두 사람이 알고 있는 '시장'과 '고객'은 서로 다르다. 가만히 놔두면 평행선을 달릴 게 분명하다.

이때 팀워크가 작용한다. 때로는 리더의 전격적인 개입으로 싱겁게 결판이 날 때도 있지만 그건 팀워크의 영역이 아니다. 진정한 팀워크는 설득과 공감의 자리에 있다. 두 사람은 자신의 의견을 입증할 수 있는 여러 가지 근거와 자료들을 제시해야 한다. 팀원들을 상대로 자신의 아이디어와 실행 로드맵을 팔아야 한다. 이런 측면에서 팀도 하나의 시장이다.

승리는 '시장'에서 아이디어가 채택된 사람의 몫이지만 그렇다고 나머지 한 사람이 패자가 되는 것은 아니다. 마케팅에 실패한 팀원은 이제 최종 의사결정의 결과가 좋게 나오도록 실행에 힘을 보태야 한다. 그게 바로 팀워크다. 대개 기업경영의 실패는 이런 과정을 거치지 않기 때문이다. 디자이너와 엔지니어가 어정쩡하게 타협하고 그것이 제품의 입체화─최적화로 연결되지 못하면 그 결과는 불문가지다.

팀워크는 팀의 가치를 높인다. 성공의 횟수가 많아질수록 특히 그렇다. 조직의 가장 강력한 무기인 자신감이 배양된다. 좋은 팀워크는 어느 조직에나 있기 마련인 좀비(Zombie)들을 척결하는 데도 유리하다. 좀비는 조직 내에서 거의 죽어 있는 이들로 새로운 아이디어에 전혀 관심이 없다. 무관심과 냉소만 보낼 뿐이다.

이들의 특징은 보통 때 가만히 있다가 술집에 가면 불평을 늘어놓는다. 정규전에는 참여할 생각이 없는 게릴라들처럼 수시로 변화 주도자들과 아이디어 입안자들을 공격한다. 그래서 닛산에 혹독한 구조조정을 단행했던 카를로스 곤 회장은 "회사 인근에 술집이 번성하는 조직은 망한다"고 갈파했다. 그는 "변화가 제대로 이뤄지면 새로운 가치가 생겨나지만 잘못된 방향으로 흐르면 술집만 좋은 일 시켜준다"고 말했다.

좋은 조직이 좀비들을 내치는 비결은 의외로 간단하다. 상호 협력을 위해서는 업무나 프로젝트에 대한 이해와 공감대, 그것을 이루기 위한 학습분위기가 선행된다. 좀비들이 공부를 할 리가 없다. 겉으로 공부를 하는 척해도 모두가 학습을 하는 곳에서는 금세 정체가 드러난다. 집단 항명을 하는 무리들도 더러 있겠지만 대개 부서 변경을 신청하거나, 그 전에 도태되는 코스로 간다.

소니의 실패

소니는 애플의 '아이팟'보다도 2년이나 앞서 MP3플레이어를 내놓고도 시장 선점에 실패했다. 소니뮤직이라는 음악 콘텐츠까지 갖고 있던 소니는 2개의 사업부에서 별도의 제품 2개를 발표했는데, 서로 차별화된다는 평가보다는 "열등한 제품 2개를 만들었다"는 혹평을 들었을 뿐이었다. 사정이 이렇게 된 데는 엔지니어와 디자이너 사이에 협력이 이뤄지지 않았기 때문이다.

소니는 2004년에도 아이팟에 대응하기 위한 새로운 상품(네트워크맨)을 내놓았지만 이번엔 협력자가 될 것으로 기대했던 소니뮤직이 발목을 잡았다. 불법복제를 의식한 소니뮤직 측의 의견을 받아 MP3가 아닌 독자적인 포맷의 음원을 도입한 것이다. 당연히 사용자들은 큰 불편을 겪었다. 소니 포맷 (Atrac)으로 작성된 음악파일만 활용할 수 있었던 탓에 이용자들은 기존에 가지고 있던 MP3 포맷의 음원은 들을 수 없었다. 현재 아이팟은 일본 내수시장 점유율 50%를 오르내리고 있다.

▌이질적인 생각과 지식을 결합하는 사람

"수풀에서 갑자기 뱀이 튀어나오면 어떻게 해야 할까. 다른 이들은 몰라도 제너럴모터스(GM)가 어떻게 대응할지는 분명히 알고 있다. 틀림없이 GM은 위원회를 설치할 것이고, 외부 뱀 전문가를 초빙해 컨설팅을 받을 것이다. 기간은 1년 정도가 될 테고…….''

세계적인 소프트웨어 기업인 EDS(Electronic Data System)의 창업자이자 1992년과 1996년에 연거푸 미국 대선에 도전했던 로스 페로(Henry Ross Perot)의 독설이다. 페로는 1984년 GM으로부터 25억 달러를 받고 EDS를 넘기면서 GM의 이사가 되었다. 하지만 당대 최고의 IT솔루션을 개발했던 페로 같은 사람의 눈에 비친 GM은 망하는 조직이었다. 사실 페로라는 인물 자체가 괴짜이기는 했지만 그가 기업을 보는 시각은 정확했다.

페로는 GM의 조직문화가 매사에 규정을 따지는 경직 일변도에다 개인주의까지 판을 치고 있다고 비판했다. "각 팀에는 리더가 있지만 진정한 의미의 리더가 아니라 그저 '나쁜 관리자'일뿐"이라고 조롱했다. 결국 페로는 18개월 만에 이사직을 벗어던졌고 GM은 2009년 파산보호 신청을 했다.

어떻게 하면 일 잘하는 조직을 건설할 수 있을까. 정부와 기업, 인간이 모여 있는 모든 조직의 고민이 바로 이것이다. 국가원수나 CEO가 새로 취임하면 바로 조직을 개편하는 이유도 여기에 있다. 변하는 환경에 대처하지 못한 조직, 난관을 극복하고 해결하지 못하는 조직, 새로운 프로그램과 신상품을 도입하지 못하는 조직과 편제는 머지않아 사라지고 만다.

편제는 조직의 우위를 확보하는 기술이다. 편제 자체는 하드웨어지만 그것을 움직여나가는 힘은 지극히 소프트웨어적이다. 과거엔 요즘처럼 정보가 빠르지 않았고 국가 간 인적 교류도 드물었기 때문에 일단 우위를 잡은 편제는 오랫동안 그 주도권을 놓치지 않았다. 로마제국이 1,000년을 넘기고 몽골족이 아시아와 유럽에 걸쳐 대제국을 형성할 수 있었던 이유다. 하지만 모든 것이 빛의 속도로 결정되는 요즘 같은 시대에선 편제의 우위가 오래갈 수 없다. 딱히 우월적인 편제가 있는 것도 아니다.

▌좋은 조직은 대량 생산되지 않는다

한 가지 분명한 사실은 작고 빠른 조직이 각광을 받는다는 사실이다. 보고체계가 짧고 의사결정이 빠르지 않으면 경쟁사들의 발빠른 변화를 따라잡을 수 없을 뿐만 아니라 시장을 창조할 수도 없다. 100명이 모여 있으면 마이크가 있어도 의사소통이 잘 안 된다. 하지만 5명이면 귓속말로 해도 된다.

물론 조직이 작다고 해서 업무의 양이나 질까지 하향 조정되는 것은 아니다. 오히려 더 많은 일을 해야 한다. 더 생산적으로 일을 하지 않으면 그 조직은 없어지거나 해당 기업이 망하는 결과로 이어질 공산이 크다.

좋은 팀은 역할 배분이 잘 돼 있다. 방향을 제시하는 사람(리더)이 있고 정리를 잘하는 사람이 있다. 웃기는 사람(harmonizer)이 있고 어디 가서 정보를 물어오는 데 귀신(일명 '빠꼼이')들도 있다. 빠꼼이는 경영학 용어로 '경계확장자(boundary spanner)'다. 이질적인 지식과 생각을 결합할 수 있는 계기를 제공하는 이들이다.

데이터가 정보(information)로 진화하는 과정에는 빠꼼이들의 역할이 무척 중요하다. 그런 후에야 정보가 지식(knowledge)이 되고 관찰이 깊어질수록 좋은 지식이 만들어진다. 좋은 조직은 한 사람이 두세 가지 역할을 하는 경우가 많고 내부에서 역할 형성이 저절로 이뤄진다.

오늘날 제품에 대한 고객들의 충성기간이 짧아지는 이유는 그만큼 그들의 취향이 까다로워지고 있기 때문이다. 정보처리 속도를 좌우하는 빠꼼이들이 활약할 수 있는 토대이기도 하다. 이들이 얼마나 빨리 창의적인 아이디어를 내고 실행의 지평을 넓히느냐에 따라 경쟁력의 향배가 판가름난다.

좋은 조직에서 관료적 형식주의는 철저하게 금기시된다. 전통적으로 관료조직에서는 한 사람씩 직무를 명확하게 정해준다. 책임 소재를 가리기 위한 측면도 있고 관련 법령이 그것을 요구하는 경우도 많다. 그러다보니 하세월이다. 하지만 소단위 팀제를 활용하면 노동의 질적 유연성이 훨씬 높아진다. 한 번에 두세 가지 업무를 처리하는 멀티플 레이어를 양산하기도 쉽다. 이런 조직은 아무리 시급한 임무가 떨어져도 허둥대는 법이 없다.

문제는 이렇게 만들어진 강한 조직이 대량생산될 수 없다는 점이다. 각기 다른 자아와 개성을 갖고 있는 사람들 간의 관계는 늘 다를 수밖에 없기 때문이다. 그래서 많은 전문가들은 '일 잘하는 DNA'를 편제 속에 공유하고 전파하는 일이 중요하다고 입을 모은다. 스스로 탐구하고 학습하는 분위기, 자기계발을 장려하고 그 로드맵을 만들어주는 시스템이 병행돼야 한다는 것이다.

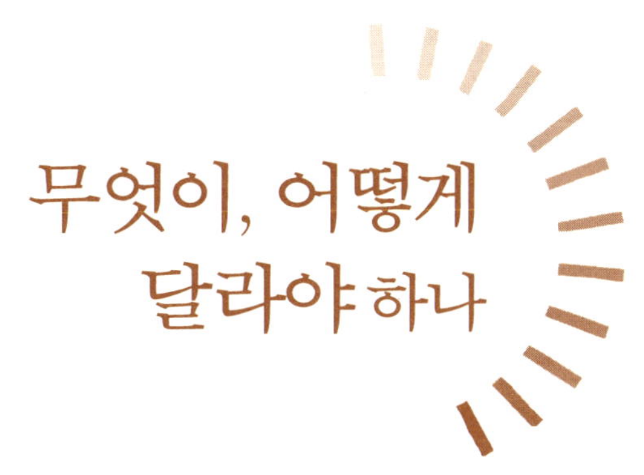

█ 환상을 꿈꾸는 자가 이긴다

에드가 드가는 1917년 사망한 프랑스의 화가이다. 파리의 근대적인 생활에서 소재를 찾아 신선하고 화려한 색채감이 넘치는 작품을 그린 화가로 〈무대 위의 무희〉 등의 명작을 남겼다. 빈센트 반 고흐는 1890년 권총으로 자살한 네덜란드의 비운의 화가로 〈밤의 카페〉, 〈별이 빛나는 밤에〉 등 수많은 걸작을 남겼다. 프라고나르(Jean Honore Fragonard)는 1806년 사망한 프랑스의 풍속화가로 〈음악 레슨〉, 〈목욕하는 여인들〉 등의 명작을 인류에게 남겨주었다.

우리가 이들 실제 작품을 보기란 쉽지 않다. 일부는 박물관에, 일부는 개인이 소장하고 있다. 이 명작들이 최근 광고에 등장해 우리의 이

목을 끌었다. LG전자의 광고에 이 유명 화가들의 작품이 등장한 것이다. 정확하게는 이 명작들에 LG의 로고와 제품이 등장한다. 예술과 현대의 첨단기기를 조화시킨 새로운 발상의 광고이다.

이런 광고가 제작된 이유는 간단하다. 예술가들의 풍부한 영감과 직관력이 제품에 실려 있다는 것을 알리기 위해서다. 요즘 같은 세상에선 말로 아무리 좋다고 떠들어봤자 판매에 별 도움이 안 된다. 소비자들은 제품의 기능이나 기계 자체의 성능에 관심을 갖는 것이 아니다. 물론 일부 고객은 디자인을 무시하고 기능만 보기도 하지만 그런 사람은 극히 드물다. 또 고객들은 제품을 사는 게 아니라 창의성을 구매한다고 느낀다. 자신이 지불하는 가격의 대가가 몇 가지 부품으로 조립된 세트가 아니라 제품력 이상의 가치여야 한다고 생각하는 것이다.

그래서 세상에 똑같은 것은 없다. 단 한 끗의 차이로, 단 하나의 아이디어로 성공과 실패가 엇갈리는 것이 비즈니스의 세계다. LG전자의 프라다폰 마케팅이 성공했을 때 삼성전자는 유럽의 또 다른 명품업체인 아르마니와 손을 잡았다. 하지만 고객들은 LG의 방식을 그대로 베낀 '아류'라고 생각했다. 마케팅 결과 역시 그렇게 나왔다. 거꾸로 삼성이 초기 폴더형-슬림형 휴대폰 시장을 선도해나갈 때 후발주자인 LG의 디자인 역시 큰 호응을 얻지 못했다. '삼성을 따라간다'고 생각했기 때문이다. 고객들은 차별화된 제품을 원한다. 과거와는 질적으로 다른 것들 말이다.

어떤 사람이 호텔 바에 들어가 옆 사람이 마시는 칵테일과 똑같은 걸 달라고 했다. 재치있는 바텐더의 대답은 이랬다. "손님, 완전히 똑같은 걸 만들지는 못합니다. 비슷한 걸 드릴 수 있을 뿐이죠."

그 누구도 같은 행동을 두 번 반복할 수 없다. 특정한 방식으로 특정한 장소에서 특정 시간에 행한 행동을 되풀이할 수 없는 것이다. 그 어떤 뛰어난 예술가도 똑같은 작품을 두 개 만들 수 없다. 사진을 복사기 위에 올려놓고 복사를 하면 똑같은 사진이 만들어진다. 그러나 두 사진이 100% 똑같을까? 절대 똑같지 않다. 유사 이래 이 세상 어느 물건도 100% 똑같은 것은 없다. 차별화는 언제 어느 곳에서든 일어난다. 특히 부와 여가시간의 증가로 아이디어가 담긴 차별화는 기업경영의 최대 화두로 자리잡게 됐다. 문제는 방향과 깊이 그리고 수준이다.

▌조직의 차별적 역량을 키워라

창의성을 구성하고 있는 우리 내면의 세계에는 대개 상상력, 영감, 직관 등이 자리잡고 있다. 손에 잡히지 않고 눈에 보이지도 않는다. 그래서 창의성이 들어가 있는 제품이나 서비스는 기계적인 복제나 대량생산이 불가능하다. 아무리 첨단기계라도 아이디어를 생각해내지는 못한다. 차별화는 결국 사람의 몫이다.

그렇다면 차별화를 위한 아이디어와 실행은 어떻게 구현할 것인가? 아이디어를 파는 마케팅은 일반 상품(과 서비스)의 마케팅과 완전히 다르다. 일반 제품은 먼저 소비자들에게 어떤 상품을 원하는지 묻는다. 그러고 나서 그 상품을 개발−생산한다. 동시에 소비자가 받아들인다는 심증을 확고히 굳힌다.

하지만 차별화를 위한 마케팅은 순서가 반대다. 제조업자가 무엇을 생산할 것인가를 결정하고 난 뒤에 소비자들의 구매욕구를 자극한다. 아이디어를 파는 비즈니스는 고객이 주도하는 게 아니라 생산자가 주도하는 시장에서 이뤄진다. 아이팟 나노와 아이폰으로 세계 IT업계를 평정한 스티브 잡스의 '고객의 욕망을 창조해야 한다'는 얘기도 같은 맥락이다.

창조적 아이디어, 차별적 마케팅을 잘하는 기업들은 소비자 조사를 맹신하지 않는다. 그에 앞서 고객들을 대상으로 선호도 조사나 제품 테스트를 잘 하지 않는다. 시장조사가 미래 소비자들의 취향을 제대로 읽어내지 못하는 경우가 태반이기 때문이다. 실제로 평범한 대중들은 자신들이 원하는 가치를 제대로 표현해내기 어렵다. 제한된 시간과 관심 속에 그저 어눌하게 몇 마디 할 뿐이다.

영화 〈ET〉는 모두 초기 시장조사 결과가 좋지 않았다. 때문에 콜롬비아를 비롯한 영화사들은 제작을 거절했다. 하지만 유니버셜영화사는 이 영화를 세계적인 히트작으로 올려놓았다. 우주와 세계를 향한 무한한 환상, 소년과 외계인이 손가락을 맞대며 미켈란젤로의 '아담의 창조'를 재연하는 장면이 대중들의 상상력을 파고들었기 때문이다. 세계적인 베스트셀러이자 영화로도 제작된 댄 브라운의 소설 《다빈치 코드》를 낸 출판사는 '25개 출판사에서 거절당한 책'이라는 광고문구를 붙였다. 실제 25개 출판사에서 거절을 당했는지는 확인할 바 없으나 최소한 몇 군데에서는 거절을 당했으리라. 그러나 이 책의 판매가능성을 간파한 편집자에 의해 세계적인 베스트셀러가 되었다.

이런 예는 우리나라에도 많다. 1990년대 후반, 공전의 히트를 기록한 소설 중에 《아버지》라는 장편소설이 있다. 이 책의 정확한 판매부

수는 아무도 모른다. 대략 130만 권 이상이 판매된 것으로 추산된다. 이 책은 그러나 여러 군데의 출판사에서 거절을 당한 기록을 갖고 있다. 마지막 출판사에서 진가를 발견한 셈이다.

정신분석학으로 유명한 지그문트 프로이드는 창조적 생각의 원천으로 현실에 대한 좌절감을 들었다. 모든 창의성은 환상과 관련이 있는데 "행복한 사람은 절대 환상을 꿈꾸지 않으며 현실에 만족하지 않는 사람만이 환상을 꿈꾼다"고 주장했다.

이 같은 주장이 전적으로 옳은지에 대해선 학계에서 논란이 있으나, 우리는 성공의 로드맵이 실패나 좌절을 인지하고 그것을 극복하려는 노력에서 시작된다는 것을 경험적으로 알고 있다. 차별화는 그 로드맵의 중간쯤에 있다. 앞서나가는 자든, 아니면 뒤를 쫓아가는 자든 주어진 경쟁 환경을 돌파하기 위해선 어쩔 수 없이 선택해야 하는 여정이기도 하다.

그래서 우리의 결론은 조직의 차별적 역량을 키우는 것이다. 시장을 맹목적으로 추종하는 게 아니라 제품의 가치를 고객들의 욕망과 일치시키는 것, 이른바 '가치혁신'을 펼쳐보이는 것이다.

마이클 치미노는
왜 실패했나

▌ 시간의 비밀

BMW는 벤츠, 페라리, 폭스바겐 등과 더불어 세계의 명차로 손꼽힌다. BMW의 브랜드와 디자인은 특별하다. 도요타의 15%에 불과한 차를 팔지만 사람들이 느끼는 브랜드의 가치는 절대 뒤지지 않는다. 브랜드 전문가 왈리 올린스(Wally Ollins)는 "BMW 특유의 개성과 정체성이 브랜드 가치를 끌어올렸다"고 평한다.

전세계 모든 메이커들이 BMW의 디자인 능력을 벤치마킹하고자 하지만 그것이 말처럼 쉽지는 않다. 성공한 디자인이 갖고 있는 독창성과 영향력까지 베낄 수는 없기 때문이다. 미국 청년들의 아이콘으로 자리잡은 애플의 아이폰 역시 마찬가지다. 경쟁사들이 유사한 제품들을 쏟아내도 아이폰은 아이폰이다. 대중들은 독창적인 제품에 열광한다. 그리고 지속적인 변화를 요구한다.

요즘 경영화두로 각광받고 있는 감성마케팅은 이미 오래전부터 시작됐다. 유행 변천의 역사는 인류 복식문화의 변화와 궤를 같이 한다. 이 때문에 자동차업체와 TV 메이커들은 끊임없이 스타일을 바꾼다. 화장품과 초콜릿 포장은 갈수록 화려해지고 있다. 기업들의 사무실 인테리어도 바뀌고 변호사 같은 전문인력들이 사용하는 편지 봉투, 주요 기업들의 〈주주총회 보고서〉 제작 역시 디자이너의 몫으로 옮겨가고 있다.

창의성은 우리 일상생활의 곳곳에 녹아 있다. 어디를 둘러봐도 아이디어가 들어가 있지 않은 제품은 없다. 창의성이 범람하는 이유는 대중들이 새로운 생각과 디자인을 계속 요구하고 있기 때문이다. 그래서 과거에 성공했다고 미래에도 성공한다는 보장이 없는 것이다.

대중(소비자)들의 취향은 미리 예측하기 어렵다. 대중은 시장에서 창의적인 제품들을 선별적으로 고른다. 비록 창의적일지라도 뭔가 마음에 들지 않으면 가차없이 배격해버린다. 문제는 창의적인 능력을 분출하고 유지하는 데 들어가는 비용이다. 통상 디자이너를 고용할 때 드는 비용이라면 인건비와 부수적인 활동경비를 떠올린다. 하지만 가장 큰 비용은 시간이다. 아무리 뛰어난 창의성을 갖고 있다고 해도 유행의 흐름을 놓쳐버린 제품이나 서비스는 그 가치를 잃게 돼 있다. 신차 개발기간에 맞춰 새로운 스타일을 내놓지 못한 디자이너는 그저 회사 비용만 축내는 셈이다.

게다가 아이디어가 많은 사람들은 대개 마감 시한이 닥쳐서야 일하는 습관이 있다. 우리는 일부 방송 작가나 소설가들이 밤을 새우고 나서야 겨우 원고를 마감한다는 사실을 알고 있다.

창의적인 사람들의 일반적인 특징은 완벽을 추구한다는 것이다. 단 1%의 개선 가능성이라도 있다면 몇 달에 걸쳐 바꾸고 또 바꾼다. 결코 그들이 게을러서가 아니다. 그들은 더 나은 아이디어를 창출해야 한다는 강박관념에 사로잡혀 좋은 아이디어도 폐기한다. 창의적인 사람들이 쓰레기통에 버리고 간 아이디어를 다시 꺼내 쓰는 경우는 의외로 많다. 일반 생산라인이나 지원조직에서는 그런 일이 발생하지 않는다.

하지만 기업이 언제나 최고의 제품만을 고집하는 것은 아니다. 시간의 변수를 대입하지 않는 경영은 죽은 경영이다. 만약 시간을 맞춘 '좋은' 제품과 시간을 넘겨버린 '최고'의 제품이 있을 경우 많은 기업들은 '좋은' 쪽을 선택할 수밖에 없다. 그래서 창의적인 직원들을 관리하는 사람들은 시간을 적절하게 통제해야 한다. 그래서 시간 싸움이 벌어진다. 창의적인 사람은 더 많은 시간을 원하고 관리자는 줄이려고 한다. 벤자민 프랭클린의 "시간은 돈이다"라는 격언은 창의성을 먹고 사는 기업에 딱 들어맞는 말이다.

▌상호협력과 이해가 필요하다

만약 시간을 적절하게 통제해서 최고의 제품을 만들 수 있다면 그 기업은 대중들로부터 어마어마한 수익을 끌어낼 수 있다. 하지만 현실은 종종 그렇지 않다. 시나리오작가 출신인 마이클 치미노(Michael Cimino)

감독은 세계적인 영화감독이었다.〈대도적〉, 〈더티 해리2〉, 〈디어 헌터〉 등이 그의 걸작들이었다. 그는 1978년 유나이티드아티스트로부터 백지수표를 받고 〈천국의 문〉이라는 영화의 제작에 들어갔다. 하지만 감독은 제작의 모든 단계에서 정해진 시간을 지키지 못했다. 길어야 석 달 정도로 계획한 제작 기간은 무수하게 반복된 재촬영으로 2년이나 걸렸다.

여기에다 완성된 영화의 오리지널 런닝타임은 5시간이 넘었다. 그 영화를 2시간 30분짜리로 편집해 극장에 내다걸었지만 결과는 대재앙이었다. 스토리가 제대로 연결되지 않았고 2년이란 시간을 끌면서 제작한 영화를 절반으로 줄이다보니 화면 연결도 엉성했다. 영화는 개봉한 지 불과 나흘 만에 간판을 내렸고 영화사는 무려 4,000만 달러의 손실을 입고 파산 절차에 들어갔다. 당시 유나이티드아티스트의 손실은 기네스북에 올랐다.

기업은 창의적인 사람들이 자신의 비용을 통제할 수 있도록 지속적으로 훈련시켜야 한다. 동시에 최대한 많은 양의 제작 정보를 제공해 이해를 구해야 한다. 그들이 나중에 "그건 몰랐다"고 말할 수 없도록 해야 한다. 그 과정은 비전과 목표를 공유하는 과정이기도 하다.

스스로 창의적이라고 생각하는 이들 역시 상업적 규칙에 맞게 일하는 방식을 바꿔야 한다. 직장인이라면 대개 상사로부터 이런 얘기를 들어본 적이 있을 게다.

"이번 프로젝트는 소신을 갖고 한번 해봐. 무엇이든 구애받지 말고 자유롭게."

하지만 이 얘기를 액면 그대로 믿었다가는 나중에 큰 낭패를 보기 십상이다. 상사가 전달하고자 하는 메시지의 실상은 대부분 이렇다.

"당신은 경험이 많은 사람이야. 그래서 이런 종류의 프로젝트를 수행하는 데 얼마나 비용이 들고 어느 정도의 시간이 들지 잘 알겠지? 이번 건은 특히 중요하기 때문에 예산과 시간을 다소 초과해도 괜찮아. 좋은 결과만 낼 수 있다면 말이야. 물론 합리적인 선을 넘지 않아야 해……. 우리는 전에도 함께 일한 적이 있으니까 내가 뭘 원하는지 잘 알거야."

결국 시간의 비밀도 이처럼 상호협력과 이해의 관계 속에 있는 것이다. 만약 상사의 뜻을 제대로 읽은 사람이 그에 상응하는 결과물을 내놓을 수 있다면 그 조직은 그 다음 단계, 즉 '네트워크'의 비밀에 한 걸음 다가설 것이다.

▎사소함의 가치를 깨닫지 못하면

기업에서 성공가도를 달려온 CEO들에게 그 비결을 물어보면 대부분 이렇게 대답한다.

"글쎄 어쩌다 보니까 여기까지 왔네요. 운이 좋았지요 뭐."

이윤우 삼성전자 부회장, 김쌍수 한국전력 사장, 신헌철 SK(주) 부회장 등 국내 대표기업들의 CEO도 예외가 아니다. 왜 이렇게 대답하는 것일까?

조직 속에서 개인이 스스로 하는 선택은 그렇게 많지 않다. 그나마 직급이 낮을 때는 다른 사람이 해놓은 선택이나 결정을 쫓아가기 십상이다. 사전 예고 없이 발표되는 인사발령이 대표적이다. 그래서 하루

하루 주어진 일을 처리하는 와중에 가끔씩 찾아오는 회사 특명에 갖은 수고와 스트레스를 바치는 일상이 되풀이됐을 뿐인데, 어느새 임원이 되고 사장이 돼 있더라는 식의 얘기다. 일면 겸손한 말이다.

그렇다면 CEO가 되고나면 그럴 듯한 선택을 하는 걸까. 경영전략가로 이름난 헨리 민츠버그(Henry Mintzberg) 캐나다 맥길대 교수(프랑스의 경영대학원인 인시아드[INSEAD]의 교수도 겸직하고 있다)는 의외로 그렇지 않다는 분석을 내놓았다. 저명한 CEO들의 행동 패턴을 실증적으로 연구한 결과, 경영자들은 하루 8시간의 업무시간 동안 총 583가지 잡다한 활동을 하는 것으로 조사됐다. 심사숙고나 체계적인 활동과는 거리가 먼 행태였다는 것이다.

경영자들의 커뮤니케이션 방식 또한 기업 내의 공식화된 정보시스템보다는 구두 커뮤니케이션에 의존하는 비율이 80%에 가까웠다고 밝혔다. 여기에다 가장 중요한 의사결정은 치밀한 분석이 아니라 마음속의 잡동사니 정보에 의해 이뤄지는 것으로 나타났다고 민츠버그 교수는 주장했다.

그는 경영학 교수이면서도 경영학 교육에 매우 비판적인 학자였다. 특히 MBA 과정에 대해 신랄한 비판을 서슴지 않았다.

"MBA과정을 운영하는 경영대학원의 교육은 교육받는 학생, 교육방법, 교육내용 등이 모두 잘못되었다."

한 번은 이렇게 말한 적도 있었다.

"MBA과정을 교육받은 이들의 이마에 '기업을 경영할 준비가 부족한 자'라는 표식을 하고, 그 위에 해적단 표시와 같은 해골을 붙여야 한다."

그는 왜 경영학 교육을 비판했을까? 그는 리더십과 경영능력은 별개임을 강조했는데, 국제적으로 유명해지고 비대해진 교육기관에서는 기업경영을 하나의 학문이나 직업적인 기술로 전환하려는 경향이 있지만 기업경영에는 인간의 감성적인 면이 존재하며 합리적이지 못한 면도 자주 발생한다는 점을 무시한다고 지적했다.

한마디로, CEO들의 일상이나 행태가 범인들과 크게 다르지 않았다는 것인데 경영학은 그렇게 가르치지 않는다는 것이다. 이렇게 보면 요즘 세간에서 흔히 성공의 비결로 회자되는 '운칠복삼(運七福三: 성공의 구성요소는 운이 70%, 복이 30%라는 얘기. 運七氣三에 빗댄 표현)'이라는 표현도 그렇게 무리한 것은 아니다. 하지만 민츠버그 교수가 경영자들의 전략적 사고나 세련된 경영솜씨까지 폄하하는 것은 아니다. 그가 이런 조사에 착수한 것은 의사결정이나 중요한 선택을 수반하는 경영행위가 사소한 이유나 동기에 적잖은 영향을 받는다는 사실을 설명하기 위한 것이었다.

<table>
<tr><td colspan="3" align="center">경영자에 대한 오해와 진실</td></tr>
<tr><td align="center">가 설</td><td></td><td align="center">실 상</td></tr>
<tr><td>경영자는 심사숙고하며 체계적인 계획을 세운다?</td><td rowspan="3">⬌</td><td>8시간 동안 583가지 활동실행, 50%의 일이 9분 이하 소요.</td></tr>
<tr><td>경영자는 필요한 기업관련 정보를 공식화된 정보시스템을 통해 획득한다?</td><td>정보의 78%를 구두 커뮤니케이션에 의존.</td></tr>
<tr><td>경영은 과학이며 경영자는 전문직이다?</td><td>치밀한 분석보다는 마음속의 잡동사니 정보로 의사결정.</td></tr>
</table>

▌경영학과 심리학의 접점은

경영이 '인간의 마음을 움직이는 총체적인 행위'라고 규정한다면 민츠버그 교수의 연구가 시사하는 바는 무척 크다. 인간의 선택은 중요한 정보보다는 하찮은 잡정보에 의해 이뤄질 때가 많고 그런 인간들이 모여 있는 고객들 또한 그런 성향을 갖고 있다는 것이다.

개인적으로도 우리는 살면서 많은 중요한 의사결정을 하지만 매 단계마다 심각한 고민과 꼼꼼한 준비를 거치는 것은 아니다. 대학 전공을 선택하고 군 입대 시기와 직장을 결정하는 일, 배우자를 만나는 일에 이르기까지 얼마나 많은 이들이 자로 재듯 판단을 하고 결정을 하겠는가.

앞서 CEO들이 얘기한대로 '어쩌다보니 그렇게 된 것'이라고 얘기해야 할지도 모르겠다. 이를 운명론에 빠졌다고 오해해서는 곤란하다. 정보가 홍수처럼 쏟아지고 이 세상의 네트워크가 자신도 모르는 사이에 빠르게 연결되고 해체되는 시대를 살아가는 현대인들에겐 어차피 100% 완벽한 정보라는 것은 없다. 주어진 여건에서 최선의 대안을 찾는 것이고, 만약 이도저도 아닌 딜레마에 봉착한다면 그냥 선택하는 수밖에 없는 것이다. 선택과 의사결정의 성격이 이러하다면 고객을 상대로 제품을 개발하고 마케팅을 하는 조직 역시 고객들의 특성, 아주 사소한 특성까지 파악하는 세심함을 갖고 있어야 한다. 요즘 CEO들이 심리학자들을 자주 만나는 이유이기도 하다.

미국에 이어 일본시장까지 석권한 월트 디즈니가 1990년대 초 유럽에서 참패를 당한 것은 유럽인들의 사소한 습관을 눈여겨보지 않았기 때문이었다. 월트 디즈니는 1992년 프랑스에 파리시 규모의 1/5에 해당하는 넓은 부지에 '유로디즈니'를 세웠다. 대규모 식당과 호텔을 갖춘 초호화판 놀이공원이었다. 디즈니 측은 실패를 전혀 예견하지 못했다. 오히려 그들의 걱정은 너무 많은 인파들이 몰리면 어떡하나 하는 것이었다. 하지만 개장 첫해 유로디즈니는 무려 10억 달러의 손실을 내며 무너졌다.

도대체 무엇이 잘못된 것일까. 여러 가지 요인들이 지적됐지만 '의미 있는' 것은 와인이었다. 유로디즈니는 시설 내에서 일체의 주류 판매를 금지했다. 이것이 프랑스인을 비롯한 와인애호가들의 반발을 불렀다. 식사와 와인을 함께 즐기는 유럽인들로서는 도대체 비싼 돈을 들여 그곳에 갈 이유를 찾을 수 없었다. 미국에 있는 시설을 그대로 옮겨오기만 하면 떼돈을 벌 것이라는 기대는 현지 식생활 문화에 대한 무지 내지는 무시 때문에 완전히 물거품이 돼버렸다.

사람들은 여전히 사소한 동기로 판단하고 행동한다. 개별 행위들마다 '그 전에도 그렇게 했기 때문에', '조금 변화를 주고 싶어서', '그냥 좋아서' 등과 같은 무척 천차만별인 이유들이 따라붙는다. 조직을 관리하는 이들은 구성원들이 갖고 있는 이런 사소함들에 대해 세심한 주의를 기울여야 톱다운(Top down)과 바텀업(Bottom up)을 조화시킬 수 있다. 톱다운식 혁신은 전사적으로 진행되지만 단절적이기 쉽다. 따라서 비록 부분적이긴 하지만 점진적 상승효과가 있는 구성원들의 자발적인 참여가 필수적인 것이다.

과거 박정인 현대모비스 회장이 생일을 맞은 직원들을 자신의 집무실로 불러 함께 기념사진을 찍은 것은 '사소함'을 매개로 한 새로운 소통방식이었다. 어쩌면 직원들은 그런 사소한 호의에 이끌려 그곳을 평생직장이라고 마음속 깊이 못 박았을지도 모를 일이다.

칭찬에 대한 오해

수백 잔의 커피를 공짜로

21세기를 특징짓는 키워드 중의 하나는 스타벅스이다. 미국의 커피전문점 스타벅스는 탄생된 지 30년 만에 전세계를 석권했다. 마치 그 옛날의 코카콜라처럼 세계 곳곳에 아메리카의 깃발을 꽂은 것이다(비록 요즘에는 그 파급력이 상당히 많이 저하되었지만 말이다). 스타벅스는 1971년 설립되었으나 세계적인 기업으로 출발하게 된 계기는 하워드 슐츠(Howard Schultz)라는 걸출한 인물이 등장하고부터이다. 그는 이탈리아 여행 중에 밀라노의 한 에스프레소 바에서 영감을 얻어 1987년 스타벅스 코포레이션을 설립한 후 세계적인 기업으로 일구어냈다.

스타벅스의 출발지는 태평양 연안에 있는 도시 시애틀이다. 특이하게도 이곳에서 출발한 몇 기업은 곧 세계를 평정했다. 세계 최대의 인터넷서점 아마존의 출발지 역시 시애틀이다. 아마존을 창업한 제프 베조스(Jeff Bezos)는 1994년 7월 5일 시애틀의 한 차고에서 인터넷 사업을 시작했다. 오늘날의 컴퓨터 시대를 만든 프로그램의 황제이자 세계 최대의 부호로 꼽히는 빌 게이츠도 1955년 시애틀에서 태어났다. 시애틀은 엉겁결에 문화, 인터넷, 비즈니스의 출발지가 되어버린 것이다.

스타벅스에는 여러 가지 강점이 있다. 그중 하나가 종업원들의 자율권이다. 종업원들이 손님에게 마음대로 공짜 커피를 제공할 수 있는 것이다. 금전등록기가 고장나거나 어떤 이유로 고객들이 불편을 겪을 때다. 스타벅스 본사가 별도로 이런 지침을 내린 것은 아니다. 언제부터인지 모르지만 종업원들은 완전히 자율적으로 이런 결정을 내릴 수 있다. 금전등록기를 고칠 때까지 수백 잔의 커피를 공짜로 내놓아도 본사가 질책하는 법도 없다.

명령과 통제가 판을 치던 전통적인 경영관리 기법으로는 도저히 설명할 수 없는 경우다. 지위와 권한이 정확하게 일치하는 피라미드조직에서는 있을 수 없는 일이다. 조직을 관리하는 것은 도심에서 자동차를 운전하는 것과 다를 게 없다. 갑자기 가속하거나 방향을 바꾸면 사고 위험이 높아지듯이 조직도 안정적으로 운용하지 못하면 팀워크가 깨지고 업무 효율도 떨어진다.

▌권한위임이 시늉에 그쳐서는 안 되는 이유

가속 액셀을 밟듯이 조직에 큰 변화를 줄 때는 구성원들의 준비와 자발적인 참여가 중요하다. 피라미드를 대체한 현대의 네트워크 조직은 상호 신뢰를 토대로 관계를 구축한다. 신뢰는 단순히 사람과 사람 사이의 믿음을 일컫는 것이 아니다. 조직에 대한 믿음과 가치를 공유하는 과정이다. 그 힘으로 조직에 대한 헌신적 노력이 뒤따라야 한다. 생각과 행동 하나하나에 공통의 가치와 목표의식이 투영돼 있어야 한다.

한국의 직장 상사들은 부하들의 능력을 인정하는 데 인색하다. 반대로 상사들을 존경하는 직장인들을 찾아보기도 쉽지 않다. 굴지의 A기업 사장 B씨는 좀처럼 부하들을 칭찬하지 않는다. 어느 정도 성과를 내도 인색하기 짝이 없다. B씨에게 "칭찬은 고래도 춤추게 한다는데 왜 칭찬을 해주지 않느냐"고 물었더니 엉뚱한 대답이 돌아왔다.

그는 두 가지 이유를 댔다. 첫째, 특정인에 대한 칭찬이 나머지 사람들에게 나쁜 영향을 미친다는 것이다. 두 번째는 칭찬을 받는 사람이 자만심에 빠져 일을 망칠 것으로 믿기 때문이라고 말했다. 그는 한마디로 부하들을 믿지 못하고 있었다. 네트워크형 경영조직을 연구하는 전문가들은 B씨가 두 가지 오해를 하고 있다고 지적한다.

특정인에 대한 칭찬은 조직 전반에 부정적인 영향을 주는 게 아니라 오히려 건강한 긴장과 자극제가 된다. 다만 칭찬을 하는 기준이 공정하기만 하면 된다. 또 칭찬은 자만심을 낳는 게 아니라 자신감을 심어줌으로써 더욱 의욕적으로 업무에 정진할 수 있는 힘을 불어넣는다.

그렇다면 상하 간의 신뢰는 어떻게 싹트는가. 권한과 책임을 과감하게 위임해야 한다. 믿지 못하는데 어떻게 맡기냐고? 세기의 경영자 잭 웰치는 영혼까지 들먹이며 이렇게 얘기했다.

"앞으로 수십 년 뒤 모든 경영잡지들은 GE에 대해 이런 평가를 내려줬으면 좋겠다. 모든 종업원들이 창조적인 사람이 될 자유를 갖고 있고, 모든 사람이 최고로 능력을 발휘할 수 있는 장소로 말이다. 자신들이 하는 일이 참으로 중요하다는 느낌을 월급봉투로서, 또 그들의 영혼으로 보상받을 수 있는 그런 기업으로."

권한위임은 개인적 차원에서 먼저 시작된다. 자신에 대한 믿음, 상대의 역량에 대한 믿음, 다른 동료들이 기꺼이 도와주고 협력할 것이라는 믿음에서 나온다. 이는 직원들에게 자신의 가치를 확인시켜주는 강력한 도구다. 물론 믿음이 부족하면 권한위임이 제대로 될 수 없다. 하지만 권한위임이 안 되는 대부분의 이유는 믿음의 문제가 아니다. 실제 권한은 자신이 틀어쥐고 책임과 업무영역만 정해주는 경우가 많기 때문이다.

권한 없이 책임만 넘겨받은 사람은 사후 문책이 두려워 제대로 일을 해내기 어렵다. 권한이 없는데 어떻게 일을 진행하고 협력자를 끌어모을 것인가. 권한을 넘기더라도 일이 최종적으로 잘못되기 전에 미리 나서서 조언을 해서도 안 된다. 만약에 중간에 섣불리 개입한다면 부하들이 스스로 성장하고 발전할 수 있는 기회를 막아버릴 공산이 크다.

상상력과 창의성이 기업경쟁력의 핵심축으로 부각되고 있는 요즘 세상에선 조직의 계층적 구조를 필수불가결한 것으로 받아들이지 않는다. 아이디어가 처음 탄생했을 때 아이디어를 비판하는 것만큼 창의성을 억압하는 행동은 없다. 그렇다고 모든 아이디어에 대해 비평과 판단, 평가를 할 수 없다는 뜻은 아니다. 다만 평가는 아이디어 창출의 마무리 단계나 실행 단계에서 실시해야 한다.

성공적인 권한위임으로부터 얻을 수 있는 결과는 다시 신뢰의 확대다. 신뢰는 조직 내에 유대감을 낳고, 유대감은 조직을 더욱 효율적으로 결집시킨다. 스타벅스 종업원들은 회사가 제시하는 비전과 가치, 자신들이 해야 할 역할을 잘 이해하고 구현했다. 커피를 팔아야 하는 책임과 자신의 방식대로 커피를 팔 수 있는 권한을 동시에 갖고 있었다. 당신이 그런 경험을 했다면 또 다시 스타벅스를 찾지 않겠는가.

학원에선 아무것도 배울 수 없다

아사히야마 동물원

일본 홋카이도에는 인구 45만 명에 달하는 아사히카와(旭川)라는 도시가 있다. 이곳에 있는 아사히야마 동물원은 연간 300만 명의 관람객이 방문한다. 1,200만 명이 사는 도쿄의 국립동물원을 앞서는 수치다. 이곳은 10년 전만 해도 연간 방문객이 60만 명에 못 미쳐 시의회가 폐원을 거론할 정도였다.

아사히야마의 성공 비결로는 1975년부터 33년간 이어져온 학습 중심의 분위기를 꼽을 수 있다. 현재 동물원장인 고스케 마사오(小菅正夫)는 1973년 이곳에 입사했다. 선배에게 업무를 배워야 하는데 '어깨 너머로 알아서 배워라'는 분위기가 만연하자 아예 학습조직을 만들었다. 선배들의 눈치를 보지 않고 마음껏 질문할 수 있는 장소를 만든 것이다. 처음에는 월 1회 정도 열렸으나 1980년대부터 월 2~3회로 횟수를 늘렸다.

이 모임에는 사육사들뿐 아니라 동물원의 재정과 시설을 관리하는 사람들까지 함께 참여했다. 동물을 돌보는 방법에서 손님들을 대하는 서비스 노하우, 효율적인 시설관리 등에 이르기까지 학습조직에 참여한 사람들은 맡은 분야 이외의 지식을 이곳에서 습득하고 공유했다.

동물원의 존재 의미부터 시작해 어떻게 하면 관람객을 감동시킬 수 있을지에 대한 다양한 고민과 탐색들이 이뤄졌다. 혹시라도 모두가 알고 있는 내용을 보고하는 이가 있으면 가차없이 비판받았다.

아사히야마가 그동안 일본 동물원이 보여주지 못했던 기획력을 발휘한 것도 이 모임의 결과물이다. 1986년 〈원 포인트 가이드〉 및 〈부모님과 함께하는 동물교실〉, 1987년 〈밤의 동물원〉과 〈겨울 동물원 관찰회〉 등은 큰 호평을 받았다. 바이오 화장실, 노인들을 위한 실버 셔틀, 연간 1,000엔 회원 입장권 등은 학습모임이 내놓은 수많은 아이디어들 중 일부였다.

아사히야마 동물원 홈페이지에는 사육사들의 블로그 메뉴가 따로 있다. 동물 사육 과정에서 있었던 비화와 에피소드 같은 소소한 일상사부터 동물원이 나아가야 할 방향까지 다양한 이야기들이 담겨 있다. 공식 홈페이지에 이런 이야기를 쓰는 것은 동물원 직원뿐 아니라 관람객까지도 자신들의 학습에 참여시키고자 하는 조직문화의 영향이다. 홈페이지 안에는 사육 동물에 대한 뉴스가 매일 업데이트되며 먹이 주는 시간도 함께 게재된다.

리더들이 앞장 서 학습 분위기를 만들기도 한다. 이곳 부원장은 3년째 〈동물원 일기〉를 쓰고 있고 원장은 동물원에 관한 여러 가지 단상을 〈원장실〉이라는 코너에 담는다. 매일 다른 내용으로 글을 채우는 길은 새로운 것을 공부하는 방법밖에 없다.

학습역량을 축적하라

조직 내 학습은 개인의 자기계발과 엄연히 구별된다. 영어를 잘하는 것과 일을 잘하는 것은 차원이 다른 문제다. 이기태 삼성전자 전 부회장은 과거 정보통신총괄 사장 시절 삼성 휴대폰을 세계적인 명품 반열에 올려놓았지만 국제무대에서 유창한 영어를 구사한 것은 아니다. 거꾸로 영어는 잘하지만 신통찮은 일솜씨로 직장에서 타박을 받는 사람들도 없지 않다.

물론 직장인이 영어학원을 다니는 대부분의 이유가 업무와 관련이 돼 있긴 하지만 본질적으로 어학 능력은 업무의 곁가지에 불과하다. 일을 잘하는 사람은 아이디어 도출 과정에서부터 학습을 한다. 관련 자료를 찾고 경쟁사의 동태를 파악하며 전략적 시사점을 모색하는 일이 바로 조직 속의 공부다.

의사결정을 실행하는 과정에서 나타나는 문제점을 해결하기 위한 방법 역시 학습에서 출발한다. 문제를 파악하고, 다른 문제들과 비교하고, 해결 가능성을 타진하고, 해결 이후의 업무 진행 방향을 예측하는 일들이다. 때문에 학습역량이 축적되면 개인과 조직의 일하는 방식이 바뀌게 된다. 그리고 그 위력은 축적 기간에 비례해 증폭된다. 독서는 좋은 방편이다. 하지만 독서보다 더 효과적인 것은 동료들과 함께 고민하고 탐구하는 학습이다. 서로 자극을 주면서 조직 전반에 활력을 불어넣기 때문이다.

삼성전자와 함께 세계 디스플레이 시장을 양분하고 있는 LG디스플레이의 권영수 사장은 "공부하기 싫어하는 직원들은 '에너지 뱀파이어(energy vampire)'와 다름없다"고 단언하는 인물이다. 자신의 재능만 믿고 열심히 하지 않는 사람, 실력이 없는데도 있는 척 하는 사람들, 뭔가 새로운 것을 탐색하는 다른 동료들의 뒷다리를 잡는 사람들은 자신의 앞날을 망치는 데서 그치는 것이 아니라 조직 전반의 에너지까지 앗아간다는 것이다. 실무 역량이 다소 떨어져도 열정적으로 공부하는 사람이 개인과 기업 모두에 부가가치를 만들어낸다는 것이 확고한 신념이다.

좋은 학습의 출발점은 의외로 평범하다. 호기심과 경청이다. 호기심을 참을 수 없어야 하고 남의 말을 잘 들어야 한다는 것이다. 그럴려면 몸보다는 생각이 더 부지런해야 한다. 분주하게 돌아가는 생각에 걸림돌이 생기면 학습을 하지 않을 수가 없다. 남의 말에 귀 기울이지 않을 도리가 없다. 전형적인 계급사회였던 조선시대에 왜 세종대왕이 천민출신인 장영실을 중용했겠는가.

칭기즈칸은 열심히 공부했다

몰입의 중요성

과거 우리는 부모 세대로부터 "공부를 잘해야 출세를 하고 잘살 수 있다"는 얘기를 많이 들어왔다. 많이 들은 정도가 아니라 귀에 못이 막히게 들을 정도였다. 심지어 어떤 부모는 아침부터 밤까지 공부, 공부만 외쳐댔다. '공부 = 출세'로 연결시키는 발상은 공부의 가치를 떨어뜨리는 세속적인 표현이지만 대부분의 부모는 그렇게 말했다. 물론 지금도 공부를 잘해서 세칭 일류대학에 갈 수 있다면 사회생활을 시작할 때나 네트워크를 구축할 때 꽤 유리한 측면이 있다.

공부라는 것은 어떤 의미에선 아주 공평한 제도이다. 공부를 잘하면 집안이 가난한 사람도, 남녀 구분 없이, 나이와 관계없이, 신체의 장애와 관계없이 자신의 뜻을 이룰 수 있다. 만약 우리가 중세시대에 살고 있어 신분이 세습되는 사회라면 그것처럼 모순되고 억울한 것도 없다. 공부가 인생의 첫 번째 목표 혹은 첫 번째 가치는 아니지만 평등한 사회를 구현하는 데 한몫을 하는 것은 사실이다.

하지만 정작 공부 잘하는 사람의 덕목은 성적이라는 눈금에 있는 게 아니라 다른 곳에 있다. 바로 몰두하는 능력과 학습 능력이다. 목표의식을 갖고 책상에 앉아 꽤 많은 시간을 견딜 수 있는 훈련을 쌓은 사람과 그렇지 못한 사람 간에는 일을 하는 데 차이가 있을 수밖에 없다. 몰입과 학습역량만 있으면 겁날 게 없다.

학교공부를 하지 않아도 자기 분야에서 성공가도를 질주하는 이들은 너무도 많다. "공부를 못해도 출세할 길은 열려 있다"는 얘기를 하자는 게 아니다. 성공에는 반드시 이유가 뒤따르고 대개 그 비결은 몰입과 학습에 있다는 것이다.

심리학에서 몰입은 "어떤 행위에 깊게 몰두해 시간의 흐름이나 공간 나아가서는 자신에 대한 생각까지도 잊어버리는 심리적 상태"라고 규정한다. 《생각의 탄생》의 저자인 루트번스타인(Robert Root-Bernstein)은 이런 몰입이 '창조로 연결되는 통로'라고 진단했다. 열린 네트워크에서 스스로 배우고 탐구할 수 있는 기회와 공간이 너무도 넘쳐난다는 점을 감안하면 생존의 포인트는 바로 몰입하는 능력이다. 바로 그렇기 때문에 장영실, 신사임당, 조앤 롤링의 사례가 우리 모두의 스토리가 될 수도 있는 것이다.

▌두려움을 정면으로 응시하라

유럽인들에게 가장 두려운 사람은 칭기즈칸이다. 그는 이미 800년 전에 죽었지만 아직도 유럽인의 피에는 칭기즈칸에 대한 공포가 전해져 내려온다. 어느 날 갑자기 초원 저 너머에서 홀연히 나타나 모든 것을 무자비하게 죽음의 벼랑으로 밀어버린 그는 가히 공포의 대명사라 할 만하다. 그 어떤 방법으로도 대적할 수 없었으니

▲ 칭기즈칸은 두려움을 정면으로 응시하고 극복했다.

꿈에서라도 볼까 두려웠을 것이다. 이를 '칭기즈칸 콤플렉스'라고 한다. 그러나 세계 최고의 정복왕 칭기즈칸은 제 이름도 쓰지 못할 정도로 무식했다. 그는 성장과정이 너무 불운해 글자를 배울 시간이나 여력이 없었다. 이는 그가 쓴 글에서도 잘 나타난다.

집안이 나쁘다고 탓하지 말라.
나는 아홉 살에 아버지를 잃고 마을에서 쫓겨났다.
가난하다고 말하지 말라.
나는 들쥐를 잡아먹으며 연명했다.

작은 나라에서 태어났다고 말하지 말라.
나는 그림자 말고는 친구가 없었다.

배운 게 없다고 한탄하지 말라.
나는 내 이름도 쓸 줄 몰랐으나
남의 말에 귀 기울이면서
현명해지는 법을 배웠다.
너무 막막하다고,
그래서 포기해야겠다고 말하지 말라.
나는 목에 칼을 쓰고도 탈출했고,
뺨에 화살을 맞고 죽었다 살아나기도 했다.

적은 밖에 있는 것이 아니라 내 안에 있었다.
나는 내게 거추장스러운 것은 깡그리 쓸어버렸다.
나를 극복하는 그 순간 나는 칭기즈칸이 되었다.

지금으로부터 800년 전에 쓰여진 글이지만 오늘의 관점에서도 상당한 감명을 주는 시이다. 칭기즈칸은 자기 이름도 쓸 줄 몰랐지만 학습 능력만은 당대 최고였다. 칭기즈칸은 초기 열세를 딛기 위해 자신의 위치를 정확하게 파악하고 상대방의 뛰어난 점을 인정하고 받아들였다. 그렇게 양자 간의 차이점을 정확하게 인지한 뒤 그 격차를 줄이려고 노력했다. 몽골군의 무기체계가 초기 동물뼈나 가죽에서 철이나 구리 등을 이용한 금속무기로 옮겨간 것도 학습 능력 덕분이었다.

몽골군이 페르시아(지금의 이란 지역)를 공격할 때 사용한 무기 목록을 보면 놀라 나자빠질 정도다. 노포(弩砲), 즉 화살을 쏘는 일종의 대포 300문, 석유에 불을 붙여 던지는 장치 700개, 사다리 4,000개, 돌을 던지는 기계장치 2,500개 등으로 오늘날 패트리어트 미사일 정도에 근접하는 첨단 군사장비였다. 칼도 고민 어린 학습의 산물이었다. 몽골군이 사용했던 일명 '타타르칼'은 날이 휘어진 반달형으로 스치고 지나가기만 해도 적병에게 적잖은 타격을 입힐 수 있었다. 반면 당시 유럽에서 사용했던 '바이킹칼'은 정확하게 찌르거나 쳐야만 상대방을 해칠 수 있었다.

칭기즈칸이라고 두려움이 없었을까. 절대 그렇지 않았을 것이다. 그가 쓴 시에서도 볼 수 있듯이 그는 완전히 빈털터리였다. 지식도 재산도 친구도 나라도 없었다. 하지만 그에게는 지혜가, 의지력이, 용기가, 꿈이 있었다. 그는 그것을 바탕으로 역사상 가장 넓은 대제국을 건설했다. 어쩌면 아주 먼 훗날까지 그가 정복했던 만큼의 영토를 정복하는 사람은 나타나지 않을 것이다.

칭기즈칸이 진정으로 위대한 이유는 고통과 불안, 고독한 개체로서 숙명적으로 갖게 되는 두려움을 정면으로 응시하고 극복해냈다는 점이다. 그 출발은 바로 학습이었다.

칭기즈칸의 리더십

- **Envision** (비전 설정)
  경제적 통일로 동족 분쟁을 막자.

- **Enable** (비전성취 능력)
  제국을 완성할 능력을 갖추어라(규율, 군사조직, 보상체제).

- **Energize** (에너지 부여)
  에너지를 국민들에게 불어 넣어라(동기부여).

- **Empower** (권한 이양)
  권한을 아래로 이양하라.

모방과 흉내바둑

대개 학습의 출발점은 모방이다. 선발자들이 얽어놓은 복잡한 네트워크를 단숨에 알아낼 길은 없다. 세상은 '친구 따라 강남 가지 말라'고 가르치지만 '강남'에서 '친구'가 무엇을 어떻게 했는지는 알아야 한다. 어떤 장애물과 걸림돌을 만났고 어떤 기회를 포착해 성공에 도달했는지를 탐색해야 한다는 얘기다. 그렇게 해야 강남을 가든 안 가든, 성공 방정식을 벤치마킹할 수 있다.

세상에는 모방으로 일류기업을 일구거나 대가의 반열에 오른 사례들이 무수히 많다. 모방만으론 안 되지만 모방을 통해 길러진 학습역량을 발판으로 어느덧 성공의 로드맵을 찾아내는 것이다. 그래서 모방은 가장 단기적이고 효과적인 학습수단이기도 하다. 잘된 모방의 유용성은 호흡이 거칠게 마련인 1대 1 승부에서도 드러난다. 누구든지 자신을 끈질기게 모방하면서 도전해오는 상대에는 거부감을 느낄 수밖에 없다.

16세기 일본에서는 신음류(新陰流)라는 독특한 전술이 등장해 한 시대를 풍미한 적이 있었다. 이 전술은 상대방의 모든 움직임을 똑같이 따라하다가 적이 인내심을 잃고 무리한 공격에 나서는 순간을 노려 치명적인 반격을 가하는 수법이었다. 상대의 흉내에 화를 내며 격렬하게 달려드는 순간, 갑자기 자세를 고쳐 잡은 반격에 수많은 사무라이들이 목숨을 잃었다. 신음류의 성공 조건은 상대의 움직임을 완벽하게 이해할 수 있는 실력과 함께 침착성을 잃지 않는 가운데 구사할 수 있는 날카로운 반격 능력에 있었다.

바둑의 흉내바둑도 이와 비슷하다. 대개 백을 든 사람이 흑의 착점을 그대로 따라 두는 방식이다. 흑이 어느 순간 천원(바둑판의 한가운데 점)에 놓으면 흉내바둑은 끝이 나지만 기세와 기세가 충돌하는 프로바둑 세계에서 흑을 잡은 사람이 먼저 '천원'을 두기는 어렵다. 굴복이라고 생각하기 때문이다. 그래서 대개 흉내바둑을 끝내는 권리는 백번에 있다. 그 권리 하나를 얻기 위해서 흉내바둑에 대한 주변의 냉소와 경멸을 견뎌내는 것이다. 상대방의 초조감을 극대화시키면서 말이다.

흉내바둑이 연출한 가장 극적인 승부는 조훈현과 서봉수가 맞붙은 1980년 왕위전 결승이었다. 한국 바둑계 희대의 라이벌이라고 하지만 두 사람의 역대 승부는 3대 1 정도로 조훈현의 승률이 높았다. 게다가 조훈현은 당시 국내 모든 기전을 석권하며 바둑황제로 군림하고 있을 때였다. 전문가들의 예상은 조훈현의 절대 우세였다.

하지만 서봉수는 백번을 잡을 때마다 흉내바둑을 들고 나와 조훈현을 당황하게 만들었고, 그 여세를 몰아 2국과 4국을 잇따라 이겼다. 2대 2 팽팽한 승부에서 마지막 5국의 돌을 가렸더니 다시 서봉수의 백번이었다. 서봉수는 또 다시 흉내바둑을 들고 나왔고 기어이 조훈현 왕국의 일각을 허무는 데 성공했다. 대국 후 서봉수의 소감은 "상대의 수읽기가 워낙 뛰어나고 반상의 변화를 부리는 데 능해 판을 좁게 짜고 싶었다"는 것이었다. 상대를 자신에게 유리한 전장으로 이끌어내기 위해 흉내바둑을 뒀다는 얘기였다.

물론 흉내바둑이 전가의 보도는 아니다. 서봉수는 그 뒤로 조훈현을 만나 몇 차례의 흉내바둑을 선보였지만 큰 재미를 보지 못했다. 조훈현이 절치부심하며 대비책을 세우고 나왔기 때문이다. 애써 생각해낸 수를 상대가 단 1초의 고려도 없이 그대로 따라할 때 일어나는 평정심 이탈과 분노 표출을 막는 것이 흉내바둑을 깨는 요결이었다.

Net Breaking

5장

뒤집는 게임을 하라

"만일 우리가 배우는 것을 잊지 않는다면
우리는 승리를 거둘 것이다."

– 로자 룩셈부르크

고대 로마의 개선식은 화려하기 그지없었다. 그러나 개선식을 개최하는 데는 엄격한 규정이 있었다. 개선식을 누릴 장군은 적어도 6,000명 이상의 적에게 사상을 입히거나 아군을 무사히 고향으로 데려와야 했다. 이는 전쟁에서의 승리와 병사들의 무사귀환이라는 두 가지 중요한 일을 완수해야 한다는 의미였다.

개선식은 전 로마에 걸친 행진으로 시작된다. 가장 앞에 원로원, 그 다음에 전쟁포로들, 병사들(로마 내에 입성했기 때문에 무기를 들지 않은 상태), 붉은 칠을 한 개선장군, 그리고 그 바로 뒤에 한 노예가 따른다. 노예는 장군의 뒤를 따르면서 그의 귀에 노래를 부르는 것이 임무였다. 그가 부르는 노래가 바로 〈메멘토 모리〉이다. 메멘토 모리(Memento mori)는 '너 또한 언젠가는 죽는다는 사실을 기억하라' 는 뜻이다. 성공과 자만을 경계하라는 메시지다. 세계를 제패한 로마인의 철학과 지혜가 엿보이는 대목이다.

거대 조직은 어떻게 몰락하는가? 두 가지 이유다. 과거 성공에 대한 과도한 집착, 또 하나는 새로운 미래를 열지 못하기 때문이다. 과거에 사로잡히면 미래를 볼 수 없다. 주변을 둘러싼 나무들의 향내에 취하면 전체 숲을 볼 수 없다. 어렵더라도 발끝을 곧추 세워 숲을 보려고 노력하는 것, 모두가 공감하지 않더라도 변화를 시도하는 것, 그것이 경영의 요체다. 국가든 기업이든 똑같은 이치다.

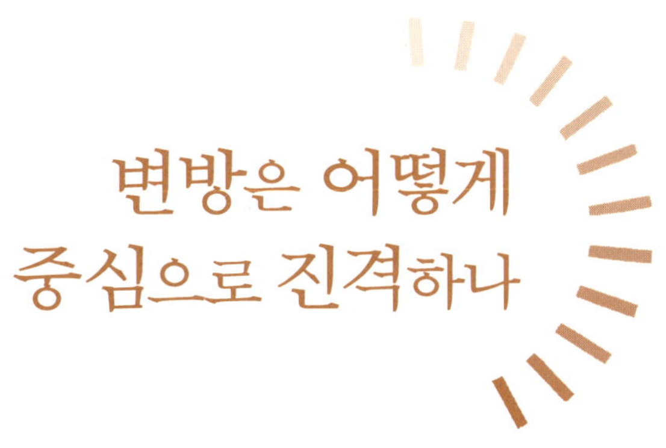

<h1>변방은 어떻게
중심으로 진격하나</h1>

▌마오쩌둥과 처칠

마오쩌둥(毛澤東)과 처칠, 미국 해병대의 공통점은 무엇일까. 답은 '변방을 먼저 공략해 승리했다'는 것이다.

1930년대 마오쩌둥은 농촌을 거점으로 혁명을 일으켰다. 혁명 초기, 공산당 내부의 '28인 볼셰비키'라 불리던 엘리트 조직은 가난하고 척박한 중국의 내륙을 혁명의 근거지로 해야 한다는 마오쩌둥의 생각에 강하게 반발했다. 하지만 마오는 중국의 가장 큰 인구집단인 농민 계층을 근간으로 혁명전선을 구축하지 않으면 중국 통일이 불가능하다고 내다봤다. 게다가 도시 지역에선 일본군과 국민당의 세력이 만만치 않았다. 마오는 적이 근접할 수 없는 중국의 땅끝인 연안을 목적지로 삼고 남서부로 고난의 행군을 해가는 '대장정'을 선택했다.

가는 곳마다 집회를 열어 혁명의 명분을 알리고 농민들을 규합했다. 대장정을 떠날 때만 해도 미약한 세력이었던 마오의 홍군은 결국 농민세력의 광범위한 지지에 힘입어 1949년 국민당을 쫓아내고 중국의 패권을 장악했다.

중국 역사상 최대의 라이벌로 꼽히는 장제스(蔣介石)와 마오는 모든 면에서 철저한 대조를 이루는 인물이다. 장은 귀족집안에서 태어났고 마오는 가난한 농민의 아들로 태어났다. 장은 언제나 권력의 정점에 있었으나 마오는 항상 쫓기는 몸이었다. 그러나 최후의 승리는 마오에게 돌아갔다. 2차대전이 끝난 뒤 미국은 중국의 공산화를 막기 위해 장의 국민당군에게 어마어마한 전쟁 물자와 무기, 자금을 넘겨주었다. 장은 세 번 결혼을 했는데 마지막 부인이 손문의 아내인 송경령(宋慶齡)의 여동생 송미령(宋美齡)이었다. 돈이 많고 미인인 그녀는 종종 미국으로 건너가 수많은 정치인들을 만나면서 지지를 호소했는데 대부분 이 여인의 매력에 반하지 않을 수 없었다.

그러나 국민당군은 부패하기 짝이 없었고 국민보다는 자신들의 안위와 재산축적이 우선이었다. 반면 홍군은 거의 빈손으로 다니면서 국민의 90%가 넘는 농민들에게 가까이 다가가기 위해 노력했다. 그들은 농민들의 추수를 도왔고 식량을 얻기 위해서는 그 집의 마당이라도 쓸어주었다. 1949년 1월, 국민당 사령관 두유밍(杜聿明) 장군이 잔여 국민당군의 정예부대와 함께 항복하자 장은 약 300만 온스(8만 5,000kg)에 달하는 마지막 금을 가지고 타이완으로 도망쳤다. 그의 배에는 또 역대 중국 황실의 값진 유물이 엄청나게 실려 있었다.

장의 패배는 아무리 많은 돈과 무기가 있어도 마음가짐과 전략이 올바르지 않으면 성공할 수 없다는 진리를 보여주는 역사적 사례라 할 수 있다.

영국 수상이었던 처칠은 2차대전에서 직접 독일 본토를 치지 않았다. 대신 북아프리카의 사막전선을 돌파했다. 지중해를 차지하면 독일과 동맹관계인 이탈리아를 위협할 수 있어 전쟁 전체의 세력 균형을 무너뜨릴 수 있을 것으로 내다봤다. 1930년대 말 '사막의 여우' 독일 롬멜(Erwin Johannes Eugen Rommel) 장군의 뛰어난 기동전술에 고전하던 영국군은 1940년부터 신형 기갑탱크들을 앞세워 반격에 나섰다. 이 기갑전차 군단은 원래 영국 본토를 지키기 위해 편성된 것이었지만 처칠은 "어차피 독일이 영국 본토를 공략하면 기갑전차가 있다 해도 큰 도움이 되지 않을 것"이라며 최고의 전차들을 북아프리카 전선으로 보냈다.

그리고 접전 끝에 엘알라메인(이집트 지중해 연안에 있는 도시)에서 롬멜을 물리치고 승기를 잡았다. 이 전투에서 혁혁한 공을 세운 사람이 백전노장의 육군 원수 버나드 로 몽고메리(Bernard Law Montgomery, 영국 제8군 최고사령관)이다. 처칠과 히틀러, 롬멜과 몽고메리는 장제스와 마오쩌둥처럼 역사의 라이벌이었다. 북아프리카에서의 승리는 후에 영미연합군이 노르망디 상륙작전을 거쳐 독일군을 궤멸시킨 밑거름이 됐다. 처칠의 변방 전략이 적의 허를 찌르며 보기 좋게 승리한 것이다.

일본과 태평양전쟁을 벌인 미국 해병대의 작전도 '우회'하는 것이었다. 미군은 1945년 '다운폴 작전(일본 본토 상륙작전)'을 수행하기 전에 일본군이 장악하고 있던 태평양 섬들의 제해권과 제공권을 장악하는 것이 급선무라고 판단했다. 쌍방간에 수만 명의 인명손실이 발생하는 가운데 알류샨 열도의 아투를 필두로 마킨, 타라와, 퀘젤린 제도, 사이판, 티니안, 괌, 페릴류 등의 섬들이 차례로 미 해병대의 수중에 떨어졌다. 이 여세를 몰아 1945년 4월 오키나와를 공격한 미군은 일본군에 무려 15만 명의 인명피해를 입히며 상륙작전을 성공시켰다. 이 작전을 성공시킨 사람이 맥아더임은 두말할 나위가 없다.

▌현장의 혁신은 전체를 바꾼다

혼란기는 약자가 강자를, 변방이 중심부를 공략할 절호의 기회다. 변화는 중심이 아니라 변방에서 시작된다. 식물의 생장점은 줄기의 한가운데가 아니라 줄기의 끝에, 뿌리의 끝에 있다. 사람의 성장판도 뼈의 맨 끝에 존재한다.

유럽의 다른 나라에 비해 과학발달 수준이 상대적으로 뒤지는 나라였던 18세기 영국이 산업혁명의 시발점이 될 수 있었던 것은 환경 변화에 자유로이 대응할 수 있었기 때문이다. 영국의 산업혁명은 변방으로 취급받던 면직업이 기계화되면서 시작됐다. 당시 영국의 주력산업은 면직업이 아니라 모직업이었다. 강력한 보호무역 정책의 수혜를 입고 있던 모직업은 전근대적인 주문생산 방식에서 벗어나지 못했던 반면 인도산 면직물에 위협을 느낀 면직업체들은 대량생산을 위한 방직기 개발을 서둘렀다.

1760년에 '나는 북'이라는 자동화기기가 처음 나왔고 불과 10년도 지나지 않아 뮬방직기가 개발돼 대량생산 체제의 기틀이 구축됐다. 뮬방직기(Mule spinning frame)는 1779년 영국의 S. 크럼프턴이 발명한 방직기계로 J. 하그리브스 및 R. 아크라이트가 만든 방직기계의 장점을 각각 취하였으므로 뮬(mule: 잡종)이라는 이름이 붙었다. 잡종이 본류를 이긴 것이니 이 역시 변방이 중심을 이긴 사례라 할 수 있다.

오늘날 도요타 생산시스템을 구축하는 데 가장 큰 역할을 한 것으로 평가받는 오노 다이이치(大野耐一) 전 도요타 사장도 본사의 혁신 대신 현장의 혁신을 주창했다. 그는 "세상의 변화는 변경이 중심을 파괴하는데서 시작된다"며 "제조업의 '변경(변방)'이라 할 수 있는 공장이 변해야 회사 전체의 혁신이 가능하다"고 주창했다. 공장의 생산방식이 바뀌면 영업방식이 변하고, 영업이 바뀌면 개발부서에도 변화를 몰고와 결국 회사 전체가 새로운 기업으로 변모한다는 논리였다. 세계 자동차업계를 석권한, 그 유명한 도요타의 간판생산방식(JIT: Just In Time)과 통합형 유연생산시스템은 이런 과정을 통해 구축된 것이다.

작은 것은
어떻게 큰 것을 이기나

▌ 보르츠와 쿠쿠

작은 것은 어떻게 큰 것을 이길 수 있을까? 몇 가지 조건이 충족돼야 한다. 최우선의 기준은 스피드다. 가볍고 자유롭고 빨라야 한다. 13세기 몽골의 인구는 고작 100만 명이었다. 하지만 칭기즈칸과 그의 자손들이 정복한 인구는 1억 명이다. 한 사람이 무려 100명을 지배할 수 있었던 비결은 인류 역사상 가장 빠르고 효율적인 군대에 있었다.

몽골은 20만 명의 기마병을 보유하고 있었다. 이들은 마음만 먹으면 4,000km의 거리를 열흘에 주파했다. 지금 성능 좋은 자동차로 달려도 힘든 거리다. 어떻게 가능했을까? 몽골 기마병들에겐 1명당 다섯 마리 정도의 말이 배당됐다. 장거리 이동으로 말이 지치면 즉각 새

말을 갈아탈 수 있었다.

몽골군은 또 '보르츠(borcha)'라고 불리는 1년짜리 비상식량을 모든 병사들에게 지급했다. 보르츠는 양고기를 세로로 길게 잘라 건조한 창고에서 석달 이상 바싹 말린 뒤 절구로 빻은 고깃가루이다. 몽골군은 이것을 신축성이 좋은 소나 양의 방광에 저장해 휴대했다. 따뜻한 물에 풀어서 마시면 10kg짜리 보르츠 하나가 1년짜리 비상식량이 됐다. 언제든 기민하게 이동해야 했던 상황에선 이보다 더 좋은 식량이 없었다.

물론 기마전이 없는 현대전에선 사람과 물자의 스피드보다 정보와 전술의 스피드가 더 강조될 것이다. 스피드의 군사적 가치가 이렇다면 산업적 가치는 어느 정도일까. 세계 최고의 메모리반도체 기술을 갖고 있는 삼성전자는 가격 책정에 결정적인 영향력을 행사한다. 특히 자사만이 생산하고 있는 신제품이라면 상상을 초월하는 초과 이윤을 누릴 수 있다.

예를 들어 삼성전자가 2007년에 세계 최초로 개발한 40나노급 32기가비트 낸드플래시를 살펴보자. 플래시 메모리(flash memory)는 전기적으로 데이터를 지우고 다시 기록할 수 있는 비휘발성 컴퓨터 기억장치를 말한다. EEPROM과 다르게 여러 구역으로 구성된 블록 안에서 지우고 쓸 수 있다. 플래시 메모리는 EEPROM보다 비용이 덜 들기 때문에 비휘발성인 고체 상태(solid-state) 저장 매체로 주로 사용된다. 대표적인 활용 예로 디지털 음악재생기, 디지털카메라, 핸드폰 등을 들 수 있다. 일반적인 데이터를 저장하고 컴퓨터 사이에 데이터를 옮기는 용도로 USB 드라이브를 많이 사용하는데, 이때에도 플래시 메모리가 쓰인다. 또한 게임 자료를 저장하기 위해 EEPROM 대신 플래시 메모리가 자주 사용되고 있어 게임시장에서도 인기를 얻고 있다.

이 반도체는 8Gb짜리 제품으로 출시돼 초기에 150달러 정도를 받았다. 하지만 제조원가는 제품가격의 10%도 되지 않았다. R&D 비용도 20~30% 언저리였다. 나머지는 모두 이익이다. 이것이 바로 스피드의 가치다. 경쟁사들이 이 스피드를 따라잡기 전까지는 항상 이기는 게임을 할 수 있다.

▌삼성, LG도 질 때가 있다

작은 것이 큰 것을 제압할 수 있는 또 하나의 원동력은 네트워크다. 몽골군은 점령 지역에 40km의 거리마다 역을 세우고 말과 식량, 물자와 전투장비 등을 배치했다. 역참과 역참 사이에는 소식을 전하는 파발꾼을 임명했으며 모든 점령지를 거미줄과 같은 네트워크로 연결했다.

파발이 갖고다닌 패자(牌子)는 몽골제국 어디서나 통용되는 신분증이었으며 앞을 막으면 누구라도 벨 수 있는 강력한 권한까지 보장하는 것이었다. 몽골의 지도자들은 정보 전달 속도가 제국의 운명을 좌우한다고 생각했던 것이다. 이처럼 신속한 병참라인이 없었더라면 몽골군은 유럽에서 아시아까지 총 6,000km에 이르는 제국을 유지할 수 없었을 것이다. 네트워크는 또한 몽골군의 스피드를 가능케 하는 인프라이기도 했다. 몽골의 파병제는 1579년에 파발제를 도입했던 조선보다 300년이나 앞섰던 것이었다.

국내 밥솥 시장의 70%를 점유하고 있는 회사는 쿠쿠홈시스이다. 이 회사는 1978년 성광전자라는 이름으로 출발했다. 전기밥솥을 비롯한 소형 가전제품을 LG, PHILIPS 등에 OEM(주문자상표부착방식)으로 납품하는 회사였다. 당연히 소비자들은 이 회사의 존재를 알지 못했다. 그러던 1998년 쿠쿠홈시스는 IMF의 위기와 함께 공장 가동률이 크게 떨어지며 생사의 기로에 놓이게 되었다. 이때 생존의 돌파구로 '쿠쿠(CUCKOO)'라는 독자브랜드를 선보이며 삼성, LG 등과의 전면전을 선언했다. 새로운 변신을 시도한 것이다.

이름이 생소한 작은 기업이 과연 대기업을 이길 수 있을까라는 우려가 많았지만 시장 진출 1년만에 대기업을 제치고 점유율 1위를 차지하는 쾌거를 이룩했다. 가전 시장이 국내 대기업과 외국 기업들의 치열한 경쟁구도 속에 나뉘어 있는 데 반해 국내 전기밥솥 시장만큼은 쿠쿠가 강력한 브랜드 파워로 1위를 지키고 있다.

쿠쿠의 성공신화는 크게 세 가지로 요약된다. 품질 최우선, 과감한 마케팅 투자, 철저한 A/S이다. OEM으로 제품을 납품할 당시부터 쿠쿠홈시스는 위로부터의 단순 지시에 만족하지 않고 시장조사, 상품 기획 참여, 디자인 연구, 기술 개발 등 탄탄한 제품 노하우를 쌓으며 기술력을 인정받았고 이는 그대로 쿠쿠의 뛰어난 품질로 이어졌다.

소비자들은 그 옛날의 성광전자는 알지 못하지만(이 책을 통해 처음 접한 독자들이 대부분일 것이다) 쿠쿠는 잘 알고 있다. 회사명보다는 브랜드가 더 널리 알려진 사례이다. 큰 조직이 좀처럼 추진하기 힘든 디자인 혁신, 서비스 혁신, 마인드 혁신을 단기간에 이룰 수 있었기 때문이다.

한국기업들의 기적

돌이켜보면 우리나라 대기업들도 모조리 변방에서 중심부로 진입하는 데 성공한 기업들이다. 삼성전자, LG전자, 현대자동차 등은 30년 전만 해도 일본의 도시바나 미쓰비시로부터 저급 기술을 전수 받아가며 근근이 명맥을 유지해오던 회사들이었다. 하지만 반도체, 디스플레이, 휴대폰, 중형자동차 엔진 분야에서 세계적인 경쟁력을 갖게 되면서 일약 글로벌기업으로 도약했으며 항상 한 발짝 이상씩 앞서나가 있던 일본 기업들을 따라잡았다.

문제는 어렵사리 중심부에 진입한 한국의 주력 산업들이 경쟁 환경의 변화에 따라 어느 날 갑자기 세계의 변방으로 밀려날 수도 있다는 점이다. 그것에 대한 구체적인 우려가 '샌드위치 위기론'이고 지금 이 순간에도 글로벌 비즈니스 현장에서는 중심과 변방 간의 교체가 활발하게 일어나고 있다. 누군가에게 기회가 왔다는 말은 또 다른 누군가에게 위기가 닥쳤다는 것과 동일어다.

변방이 중심을 잡아먹는 첫 번째 단계는 당연한 것을 당연시하지 않는 것이요, 끊임없이 새로운 시도를 하는 것이다. 거꾸로 한번 익숙해진 것에 만족하지 않는 것은 강자가 약자를 따돌리는 방식이다.

포드가 1913년 4월 디어본의 하이랜드파크 공장에 처음 선보인 이동식 조립라인과 컨베이어벨트 시스템은 사실 시카고의 도살장 시설에서 착안한 것이었다. 도살장 천장에 설치된 고가 이동활차(trolleys)를 통해 도살된 가축 고기가 이동하는 광경이 자동차산업의 역사를 뒤흔든 '포디즘'의 원천이었다. 포드는 이것 한방으로 20세기 초 전세계 자동차시장의 절반을 장악하는 기염을 토했다.

1993년 신경영을 선언했던 이건희 전 삼성회장이 '7-4제(오전 7시 출근, 오후 4시 퇴근)'를 들고 나온 것도 실은 업무효율 때문이 아니라 아래(변방)로부터의 자발적인 변화를 유도하기 위해서였다. 그는 자신이 주창한 혁신이 상투적인 구호에 그쳐서는 안 된다는 생각에 그룹 총수로는 이례적으로 48회에 걸쳐 총 350시간에 달하는 열정적인 강연을 하기도 했다. 그로부터 15년이 지난 지금 소니, 도시바 등은 삼성에 대한 경계심을 늦추지 않고 있다.

변방 중의 변방이 세계 최고로 뒤바뀐 가장 극적인 사례는 한국의 조선업이다. 1960년대까지 우리나라는 1만 7000t이 넘는 큰 배를 만들어본 경험이 없었다. 1970년 정주영 현대그룹 회장이 미포만 모래사장의 항공사진을 들고 그리스에서 26만t짜리 선박 2척을 수주해왔을 때 많은 이들은 망신만 당할 것이라고 걱정을 했다.

하지만 변방은 중심부의 현상유지(고착) 논리가 강하지 않다는 점에서 훨씬 유연하다. 1984년 개발된 이른바 '정주영 공법'이 대표적인 사례다. 서산 간척 당시 물살이 거세 기존 공법으로 도저히 둑을 막을 수 없게 되자 정주영 회장은 울산 앞바다에 묶여 있던 폐유조선을 가라앉히는 아이디어로 공사를 성공시켰다. 이는 소위 '정주영 공법' 또는 '유조선 공법'으로 세계에 알려졌으며 이후 영국 런던 템즈강 상류 방조제공사를 맡은 세계적인 철구조물 회사에서 문의해오기도 했다.

▌오늘의 성공은 내일의 보장일까

스토리 1

1907년까지 세계 자동차시장을 주도한 것은 미국이 아니라 프랑스였다. 그해 프랑스의 자동차 생산량은 2만 5000대로 영국의 10배였다. 세계로 수출되는 자동차의 2/3는 프랑스 제품이었다. 하지만 1908~1914년 사이에 상황이 달라졌다. 미국은 헨리 포드의 주도 아래 혁신적인 컨베이어시스템을 도입해 대량생산 체제를 구축했다.

반면 과거에 왕실 마차를 제조하던 프랑스의 루이 르노는 자동차를 이런 방식으로 조립하는 것을 거부했다. 얼마 안 지나 승패가 확연히 엇갈렸다. 1914년 미국은 48만 5000대를 생산했고 포드는 미국 시장의 절반을 장악했다. 프랑스의 생산량은 미국의 1/11로 떨어졌다.

스토리 2

자동차 대중화가 본격화된 1920년대 초, 이제는 포드가 당할 차례였다. 당대 최고의 혁신가였던 '자동차 왕' 헨리 포드는 승리를 만끽하고 있었다. 자만심이 슬슬 일었다. 그는 엄청난 성공을 가져다준 검은색 모델 T 외에는 어떤 것도 용납할 수 없다고 고집을 부렸다. 나이가 들수록 고집이 세진 그는 사람들에게 이렇게 말했다. "여러분은 원하는 어떤 자동차든지 구입할 수 있습니다. 그것이 검정색밖에 없지만 말입니다."

사람들은 그런 포드에게 질려가고 있었다. 반면 경쟁사인 제너럴모터스(GM)는 캐딜락, 뷰익, 올즈모빌, 폰티악, 시보레 등 가격과 기능, 디자인과 색상이 다른 차들을 쏟아냈다. 미국인들은 과감한 혁신으로 변화의 바람을 몰고온 GM의 손을 들어주었다. 바야흐로 GM의 시대가 시작되는 분수령이었다.

스토리 3

2008년 가을, 미국 자동차업계의 빅3인 GM, 포드, 크라이슬러는 정부에 수백억 달러의 구제금융을 요청했다. 동시에 지난 수십년 동안 유럽과 일본에서 사들인 회사들을 매물로 내놓았다. 텃밭이었던 미국 자동차시장은 일본의 도요타, 혼다, 닛산, 한국의 현대-기아자동차가 점령했다. 빅3 업체들은 정부의 지원을 받아도 미래의 생존을 확실히 보장받지 못하고 있다.

모든 게임의 룰이 상대적인 경쟁력으로 바뀌어 버렸다. 생산성과 품질을 아무리 높여도 경쟁 상대보다 뛰어나지 못하면 허사다. 미국의 새 정부를 구성한 버락 오바마가 갖은 애를 써도 바꿀 수 없는 룰이다. 일본과 한국 메이커들은 미국 회사들의 약점과 한계를 이미 간파하고 있다. 앞으로의 변수는 오히려 지금 세계시장을 휘젓고 있는 업체들의 성공에 대한 자만이다.

바야흐로 기업 역전의 시대다. 한때 자동차시장을 호령했던 GM과 포드는 몰락하고 도요타, 혼다, 현대가 그 자리를 대신했다. 전자업계 에선 소니, 도시바, 히타치의 퇴조를 삼성과 LG가 메웠다.

기업 역전 현상은 모든 것이 빛의 속도로 변한다는 후기정보화사회 에서 더욱 두드러진다. 인류 앞에 혜성처럼 나타난 디지털기술이 아날 로그 세상을 완전히 초토화시켜 버린 것은 변화의 단절성, 광폭성을 그대로 드러내준다. 오늘의 성공이 내일의 생존을 보장할 수 없는 시 대다. 기업의 흥망성쇠는 더 이상 과거의 사이클을 답습하지 않는다.

▌성공을 계속 이어가려면

흔히 창업보다 수성이 더 어렵다고 말한다. 이는 지난 100여 년 동안 세계 곳곳에서 벌어진 사례가 잘 증명한다. 성공적인 기업을 일구기는 어렵다. 하지만 성공을 계속 이어가기는 더욱 어렵다. 사람들과 조직 은 대개 현재의 강점 분야만을 고집하거나 기존 역량을 활용하려는 관 성을 갖고 있다. 이른바 ‘역량의 함정’이다. 여기에는 이미 투자한 자원을 최대한 활용해야 한다는 강박관념도 작용한다.

　성공한 기업들은 종종 창조적 아이디어를 죽이는 체계적인 시스템을 갖고 있다는 사실을 망각한다. 특히 시장의 질서를 일거에 무너뜨리는 와해성 혁신의 경우 규모를 중시하고 정교한 예측을 요구하는 기존의 경영마인드로서는 채택하기 어려운 것이 현실이다. 하지만 그러다가 무너진다.

▲ 현대사회의 변화는 예단하기 어렵다.

　지속적으로 성공하는 조직은 과거의 영광에 집착하지 않고 변화하는 환경 속에서 자라나고 있는 실패의 싹을 관찰한다. 문제는 그 변화의 양상이 과거보다 훨씬 더 급격하고 단절적이라는 데 있다.

　2002년 개봉된 〈스파이더맨〉은 전세계에서 히트를 친 블록버스터다. 하지만 이 영화는 예고편을 다시 찍어야 했다. 뉴욕의 세계무역센터를 배경으로 예고편을 찍은 1주일 뒤에 9.11테러로 무역센터가 붕괴돼버렸기 때문이다. 비록 테러라는 예외적 상황이긴 하지만 현대사회의 변화는 그만큼 예단하기 어려운 것이다. 따지고 보면 메릴린치와 리먼브라더스가 저토록 허망하게 무너질 줄 누가 예상이나 했겠는가.

삶과 죽음을
가르는 혁신

█ DEC와 필립스

비행기를 타고 8km 정도 올라가면 나른한 행복감이 밀려온다. 산소가 부족하고 머리가 멍해지면서 전혀 고통스럽지 않고 추위조차 느끼지 못한다. 그 기분에 취해 계속 올라가면 결국 의식과 행동에 마비가 온다. 아무도 도와주지 않는다면 그게 삶의 종말인지도 모른 채 추락하게 된다. 대개의 경우 죽음은 갑자기 찾아온다. 사전에 여러 징후들이 나타나지만 그저 상승 무드에 취해 있는 이들은 환경의 변화를 느끼지 못하거나 애써 무시하고 만다. 그러니 후회는 필연이다.

1960년대 미니컴퓨터를 앞세워 컴퓨터 역사의 새 장을 열어젖혔던 DEC(Digital Equipment Corporation)의 경우를 보자. 명문 MIT를 졸업한 두 명의 명석한 엔지니어인 켄 올슨(Ken Olsen)과 할란 앤더슨(Harlan Anderson)이 1958년에 회사를 세운 이래 1980년대에 최전성기를 누렸던 DEC는 약 10만 명의 종업원을 고용했으며 첨단기술로 평판이 높은 세계 제2의 컴퓨터 회사였다. 그들은 최초의 종합 검색엔진인 알타비스타(Altavista)를 만들었으며 당시 세상 사람 거의 대부분이 알지 못했던 이메일을 이미 사용하고 있었다. 음악플레이어(MP3 스타일)에 대한 연구도 DEC 연구센터에서 시작되었다. 즉 그들은 다방면에서 시대를 앞서가고 있었던 것이다. 또한 DEC는 누구도 따라올 수 없는 품질과 견고함을 갖춘 VAX 시리즈를 만들어 판매했다. 미니컴퓨터는 컴퓨터를 일반 기업들의 사무자동화 도구로 변신시키는 혁명적 변화를 몰고 왔다.

하지만 지나친 장인 정신을 발휘한 것일까. 이 회사는 기술지상주의에 빠졌다. 경영자는 오로지 부품 전문화와 설계 수준 향상에만 신경을 썼다. 기업을 망치는 징후는 또 있었다. 좀더 작고 싸고 편리한 것을 원하는 고객의 요구를 무시한 채 자신만의 작품에 몰두한 것이다. 소비자들은 이제 가정에서도 PC를 갖길 원했지만 DEC는 이를 외면했다. 이런 오만함은 올슨이 1977년에 한 말에서도 그대로 드러난다. "개인적으로 집 안에 컴퓨터를 가지고 있을 이유가 전혀 없다."

하지만 그로부터 4년이 지난 뒤 IBM이 개인용 PC를 출시하고 애플까지 가세하면서 개인용 컴퓨터 시대가 화려한 출범식을 올렸다. 늘 앞서간다고 자부했던 DEC는 졸지에 후발주자들을 쫓아가는 신세로 전락했다. DEC는 뒤늦게 시장진입을 시도했지만 번번히 실패했다. 시장의 도도한 흐름을 놓친데 따른 징벌은 1998년 컴팩으로의 흡수

합병이었다.

그들을 파멸로 내몬 것은 자신의 방식이 유일하게 옳다는 확신이었다. 그들이 한 모든 것은 'DEC 중심적'이었고 매우 독점적이었다. 이는 헨리 포드가 오로지 검정색 자동차만 고집한 것과도 일맥상통한다. 그토록 혜안이 뛰어났던 DEC 창립자들도 새로운 인식의 전환을 이루지 못한 것이다.

▌시장을 무시하면 어떻게 되는가

유럽 최고의 전자회사 필립스는 또 어떠했던가. 네덜란드가 출발지인 필립스는 미국의 3M과 더불어 인류에게 끊임없이 신상품을 안겨주는 회사이다. 필립스는 조명기구, 전기면도기, 전기 주전자, 진공청소기, 다리미, 텔레비전, 라디오 등을 끊임없이 만들고 개발해 우리의 삶을 좀더 편리하고 풍요롭게 하는 데 이바지했다.

1982년 필립스와 소니는 LP와 카세트테이프를 골동품으로 만들어버린 음악 CD를 세계 최초로 개발, 출시했다. CD의 발명으로 음반과 오디오 산업은 일대 전환을 맞이했다. 그리고 기존의 LP 플레이어는 모두 폐기되는 운명에 처하게 되었다. 과거에는 오디오가 부의 상징이었으나 이제는 오디오를 모두 내다버리고 있다. 테이프도 같은 몰락의 길을 걸을 뻔했으나 자동차 보급의 활성화로 다행히 명맥을 유지해나갈 수 있었다. 참으로 아이러니한 대조이다.

여하튼 CD는 대성공이었다. 두 회사는 이를 기반으로 차세대 기술인 DVD까지 개발한다. 여기까지는 좋았다. 잇따른 성공에 고무된 필립스는 CDi(interactive)라는 제품 개발에 들어갔다. TV에 부착해 컴퓨터게임도 하고 주문형비디오(VOD)를 보고 백과사전으로도 이용이 가능한 제품이었다. 하지만 당시 시청자들은 쌍방향 서비스까지 원하지는 않았다. 소비자들의 미래 취향을 너무 앞질러 나간 완벽한 실패였다. 필립스가 CDi로 입은 손실은 30억 달러에 이르렀다.

그 결과 필립스는 유동성 위기에 빠지고 마쓰시타와 도시바에 제조 라이센스를 매각함으로써 CD와 DVD 생산주도권은 일본의 경쟁자들에게 넘어갔다. 동시에 굳건했던 글로벌 위상에도 금이 가기 시작했다. 헬스케어 사업 등에 집중하고 있는 요즘의 필립스는 굳이 전자회사라고 할 수 없을 정도로 형해화됐다. 엔지니어들의 지나친 열정 때문에 시장의 현실을 간과한 대가였다.

톰 피터스의
치욕

▋ 60% 이상이 도산했다

영원한 혁신은 없다. 한 번의 성공이 그 다음으로 연결된다는 보장은 없다. 혁신을 뜻하는 이노베이션(innovation)의 어원은 '새롭다'는 뜻의 라틴어 '노바(nova)'다. 그리스 철학자인 헤라클레이토스는 "세상에서 변하지 않는 것은 아무것도 없다. 오직 모든 것은 변한다는 사실만이 변하지 않을 뿐"이라고 변화론을 주창했다.

기업경영에서 혁신이 어려운 이유는 과거의 성공적인 혁신이 현재 시점에선 타파해야 할 구습 내지는 관행으로 뒤바뀌기 때문이다. 사실 기업의 성공과 실패라는 현상의 이면에는 변화하는 환경에 대한 도전과 응전이 있다. 응전은 일종의 혁신이다. 이 혁신이 시장과 환경의 선택을 받으면 또 한 차례의 성장과 도약으로 연결된다. 하지만 선택받지 못한 혁신에는 진정한 의미의 '혁신'이라는 이름을 붙일 수 없다.

남들이 변한다고 해서 '친구 따라 강남 간다'는 식의 모방이나 흉내내기로는 혁신을 일궈내기 어렵다. 모든 기업에 일률적인 성공의 계명을 적용하기 어려운 이유다.

톰 피터스의 치욕은 이를 적나라하게 보여준다. 피터스는 코넬대학 공과대학을 졸업한 후에 스탠퍼드대학에서 경영학 석사와 박사학위를 취득한 걸출한 경영학의 대가이다. 그는 1982년 로버트 워터맨(Robert Waterman)과 함께 《초우량기업의 조건(*In Search of Excellence*)》을 집필했는데 이 책은 기업경영에 관한 책으로는 최초의 베스트셀러가 되었다. 그는 1982년 글로벌 43개사를 선정해 모순관리, 고객 밀착, 핵심사업 집중, 조직단순화 등 8가지의 성공요인을 찾아내 발표했다.

- '실행하고, 고장나면 고치고 다시 시도하라' 라고 주장하는 사람을 육성할 것
- 고객으로부터 배울 것
- 기업가 정신과 자율성을 고취시킬 것
- 생산성 향상을 도모할 수 있도록 종업원을 소중히 대할 것
- 업무에 전념하고 자신의 고유한 능력을 최대한 발휘할 것
- 조직을 단순화하고 직원의 규모를 최소화할 것
- 이완-긴장의 통제방식을 활용할 것
- 실질적이고 적극적인 접근을 할 것

그는 이 8개 요소를 추진하는 글로벌 기업 43개사를 선정했지만 5년 후 60% 이상이 도산하고 말았다. 세계적인 경영석학의 충고가 땅에 떨어지는 순간이었다. 또한 기업의 성공에는 정답이, 일정한 룰이나 방향성이 없음을 여실히 보여주는 사례였다.

그럼에도 불구하고 톰 피터스는 여전히 훌륭한 경영석학으로 인정받고 있다. 그는 중간관리자 계층의 도태, 여성 인력의 진출 등을 예측했고, 사무직종의 일은 90%가 향후 10년 후에 그 형태가 바뀌거나 재구성될 것이라고 강조했다. 피터스는 열정적인 강연가로도 유명하다. 1년 동안 세계 여러 곳에서 100여 차례의 강연을 하는데, 어떤 사람은 그가 한 번 강연을 할 때마다 강연장을 돌아다니는 거리가 11km나 된다고 계산했다.

▌마지노선도 무너졌다

기업의 역사에서 경험적으로 입증된 한 가지 사실은, 과거의 성공에 집착하는 기업일수록 혁신을 거추장스럽게 생각하거나 거부하는 경향이 강하다는 것이다. 많은 경영학자들은 과거의 성공전략이 현 시점에서 스스로 시야의 확장을 차단하는 '눈가리개(blinder)'로 작용한다는 점을 경고하고 있다.

개인 PC 시장에서 DEC를 축출했던 IBM은 1980년대 후반 메인프레임 판매의 성공신화에 도취된 나머지 부가가치가 높은 소프트웨어와 CPU 사업을 MS와 인텔에 내주고 말았다. 급기야 1993년 81억 달러의 적자를 기록하며 파산 일보 직전에 내몰리는 상황을 맞이했다. IBM은 루 거스너(Louis V. Gerstner)라는 걸출한 경영자의 등장으로 경영위기를 극복했지만 적잖은 대가를 치러야 했다.

기존의 전략 틀이 눈가리개로 작용한 경우는 1차대전 당시 유럽 최강의 요새로 불렸던 프랑스의 마지노선도 빼놓을 수 없다. 마지노는 지명이 아니라 사람의 이름이다. 육군장관인 앙드레 마지노(Andre Maginot)의 이름을 따서 붙인 명칭으로, 총연장은 약 750km에 달한다. 가히 현대의 만리장성이라 할 수 있다. 북서부 벨기에 국경에서 남동부 스위스 국경까지 이르고, 중심부는 독일과 프랑스의 국경을 따라 이어진 영구 요새선이었다. 1927년에 착수해 1936년에 완성했는데, 총공사비는 무려 160억 프랑이나 들었다.

히틀러의 도발로 2차대전이 발발한 가운데 프랑스군은 여전히 마지노선의 영원 불패를 믿고 있었다. 오직 드골만이 "고정된 방어선으로는 탱크와 전투기 같은 이동식 무기에 맞설 수 없다"고 주장했을 뿐이었다. 당시 드골은 국방차관이었고 권력의 책임자는 페탱(Henri Philippe Petain) 원수였다. 결국 기갑사단을 앞세운 독일군의 전격 작전이 시작되자 마지노선은 힘 한번 제대로 써보지 못하고 추풍낙엽처럼 무너졌다. 나치의 입장에서 보자면 파죽지세였다.

철석같이 믿었던 방어선의 붕괴는 곧 프랑스 정부의 비극적인 궤멸로 이어졌다. 드골은 런던으로 망명해 망명정부(자유프랑스)를 세운 반면 페탱은 이후 부끄러운 삶을 살게 된다. 프랑스가 독일에 점령당한 후 총리가 되자 히틀러에게 협력해 비시정부를 세워 공화정을 폐지하고 국가주석이 되었다. 1945년 전범재판에서 사형을 선고받았으나 감

형되어 복역 중에 사망했다. 마지노선의 붕괴가 두 사람의 운명을 가
르고 한 국가를 비극에 빠뜨린 것이다.

　지금 이 순간에도 많은 조직과 기업들은 과거 화려했던 마지노선의
정렬을 그리워하며 새로운 변화에 거부감을 갖고 있을지도 모른다. 또
뭘 바꾸려고 해도 도대체 어디서 어떻게 시작해야 할지 막막해하는 기
업들도 있을 것이다. 아니면 진정한 혁신 없이 스스로 변화를 모색하
고 있다고 착각하는 이들도 없지 않을 게다. 이런 기업들의 운명은 대
개 정해져 있다. 단지 시간문제일 뿐인 '도태'가 바로 그것이다. 과연
드골의 삶을 살 것인가 아니면 페탱의 삶을 살 것인가. 이는 당신의 손
에 달려 있다.

▌ 기술만능주의의 실패

세계 역사를 움직인 다섯 개의 사과가 있다. 첫째, 이브가 아담에게 권한 사과이다. 이 사과로 인해 인류의 역사가 시작되었다. 둘째, 트로이 전쟁을 촉발시킨 파리스 왕자의 사과이다. 이 사과로 인해 인류 문명이 꽃을 피웠다. 셋째, 윌리엄 텔의 사과이다. 아들의 머리 위에 올려진 사과는 중세봉건 시대를 무너뜨리고 자유시민 사회를 열었다. 넷째, 뉴턴의 사과이다. 근대과학의 시대가 시작된 것이다. 마지막 사과는 누구의 사과일까?

애플컴퓨터의 심볼마크인 '한 입 베어 문 사과'이다. 이로 인해 컴퓨터 시대가 인류 앞에 펼쳐졌다(어떤 의미에서는 빌 게이츠의 역할이 더

크지만 사과라는 의미를 찾자면 애플컴퓨터에 무게가 기운다). 아이팟과 아이폰을 통해 시대의 아이콘을 창조했다는 칭송을 듣는 스티브 잡스. 애플의 CEO로서 그가 갖는 무게는 결코 빌 게이츠에 뒤지지 않는다. 하지만 '욕망을 창조한다'는 귀신같은 영감을 갖고 있는 잡스에게도 성공과 실패는 공존하고 있다.

모든 창업자가 그랬듯이 잡스의 삶 역시 평범하지 않았다. 평범보다 한참 아래였다. 그는 1955년 샌프란시스코에서 태어나자마자 버려졌고, 폴 잡스와 클라라 잡스 부부에게 입양되었다. 1972년 고등학교를 졸업한 뒤 평소에 관심이 많았던 전자기술을 배우기 위해 집 근처에 있던 HP에 인턴사원으로 들어갔다. 이때 그는 훗날 애플컴퓨터의 동업자인 워즈니악(Stives Wozniak)을 만나는데, 버클리대학을 막 졸업한 컴퓨터 마니아였던 워즈니악을 통해 잡스는 컴퓨터를 배우기 시작했다.

잡스는 오리건주 리드칼리지에 입학하지만 전공인 물리학에 흥미를 느끼지 못하고 한 학기 만에 휴학을 했다. 이는 대부분의 괴짜 창업자들이 겪는 과정이다. 그후 워즈니악과 의기투합해 1976년 개인용 컴퓨터를 만들었는데 그것이 '애플I'이었다. 그의 나이 20세 때였다. 모니터도 없는 투박한 기계덩어리에 불과했던 애플I은 뜻밖에 큰 반향을 일으키며 팔려나가기 시작했다. 이에 자신감을 얻은 두 사람은 가지고 있던 비싼 물건들을 팔아 본격적으로 사업에 뛰어들었다.

불과 20세의 나이에 애플을 창업했던 잡스는 애플I과 애플II의 성공적인 출시에 힘입어 일약 IT업계의 기린아로 떠올랐다. 그는 그래픽과 마우스의 접목 가능성을 처음으로 내다본 선견력에 더해 개인용 컴퓨터의 대중화를 이끈 실행 능력까지 갖추고 있었다.

하지만 "1984년, 완전히 새로운 세상이 열릴 것"이라고 호언했던 매킨토시 출시가 실패로 돌아가면서 일대 시련에 봉착한다. 잡스는 이미 매킨토시 출시에 앞서 조지 오웰이 미래 인류의 파멸적 모습을 그린 《1984년》을 마음껏 조롱한 터였다. 매킨토시의 기술은 분명 혁신적이었지만 잡스는 고객을 생각하지 않는 기술만능주의에 빠져 있었다.

고객들은 좀더 범용적인 IBM PC와의 호환성을 요구했지만 잡스는 이를 차갑게 거절했다. 고객들이 좋은 기술을 식별하는 안목이 없다고 불평한 것이다. 결국 그는 1985년 애플의 CEO직에서 쫓겨나고 말았다. 자신이 창업한 회사에서 쫓겨나는 어처구니없는 일을 당한 것이다. 젊은 시절 큰 성공을 거뒀던 경험이 자만과 독선을 키웠고 이것이

참담한 실패로 귀결된 것이다.

그러나 그렇게 쉽게 물러날 잡스가 아니었다. 넥스트스템이라는 새로운 회사를 세우고, 픽사(Pixar)를 인수하고 〈토이스토리〉의 원형이 되는 〈틴 토이(Tin Toy)〉를 만들어 아카데미 단편 애니메이션 상을 수상하게 된다. 그러자 만성적인 적자를 내던 애플사는 그를 다시 복귀시켜 회사를 맡겼다. 이후 잡스는 승승장구하며 연거푸 히트 제품들을 쏟아냈다.

▍K마트의 현실 착오

2002년 1월 22일은 100여 년의 역사를 자랑하던 대형할인점 K마트가 파산을 선언한 날이다. K마트는 1899년 디트로이트 시내에서 소규모 잡화점으로 출발한 이후 1960년대 대규모 할인점 사업에 뛰어들어 미국 전역의 유통을 석권한 기업이다. 당시 최고경영자였던 해리 커닝햄(Harry Cunningham)은 할인점의 성공 요건이 판매액에 대한 마진율보다는 총투자에 대한 수익률에 있다고 판단해 대규모 매장을 확보하고 저렴한 가격으로 많은 구매자들을 끌어모으는 전략을 채택했다.

이를 위해 질 좋은 브랜드 상품을 지속적으로 낮은 가격에 제공하는 것을 핵심전략으로 설정했다. 이는 매우 효과적이었으며 소비자에게도 환영을 받았다. 하지만 1970년대 들어 커닝햄이 물러난 뒤 위기가 닥쳐왔다. K마트의 새로운 경영진은 새로운 비전을 내놓지 못한 채 과거의 전략만 답습했다. 성장의 원동력은 단순히 확장전략에 있다고 믿고 점포 수를 늘리는 데만 급급했던 것이다. 세밀한 관리가 뒷받침되지 않은 점포는 어두운 조명과 촌스러운 진열대, 불편한 통로 등으로 애물단지로 변해갔다. 게다가 품목별 이익률이 높다는 이유로 질이 떨어지는 자체 브랜드 상품을 늘림으로써 단골손님들마저 발길을 끊게 만들어버렸다.

2008년 3월 대표이사 3연임을 앞두고 돌연 사의를 표명하고 물러난 우의제 하이닉스반도체 전 사장. 4년 6개월의 재임기간 동안 온갖 부실을 걷어내며 회사를 14분기 연속 흑자기업으로 돌려세운 일등공신이었기에 충격은 더욱 컸다.

우 사장의 변(辯)은 "새로운 시대에는 새로운 인물이 필요하다"는 것이었다. 경영환경 급변으로 새로운 전략이 필요한 상황에서 자신이 갖고 있는 '성공의 기억과 경험'이 오히려 장애가 될 수 있다는 설명이었다.

비상과 추락의 변곡점

이카루스의 역설

영원히 성공가도를 달릴 수 있는 마법은 없다. 누구나 성공을 꿈꾸지만 성공은 마약과 같은 것이다. 교만과 자만심에 눈이 멀어버리는 순간 어느새 파멸의 그림자가 드리운다. 바로 경영학자들이 강조하는 '이카루스의 역설(Icarus Paradox)'이다.

그리스 신화에 나오는 이카루스는 '공예의 신' 다이달로스의 아들이다. 우연찮게 감옥에 갇혔던 그는 아버지가 만든 밀랍 날개를 달고 탈옥했다. 몸이 하늘 높이 두둥실 떠오르자 기분 좋은 해방감이 밀려왔으며 날갯짓 아래로 에게해의 푸른 파도가 넘실거렸다.

고도를 계속 높여가던 이카루스의 마음속에는 슬며시 오만함이 머

▶ 파멸을 낳는
가장 큰 요인은 성공이다.

리를 쳐들었다. 이 세상 누구보다도 더 높이 날 수 있다는 생각에 "절대로 태양 가까이 가지 말라"는 아버지의 당부를 무시했다. 강렬한 태양에 깃털을 이어붙인 밀랍이 녹아내렸다. 후회해도 돌이키기 어려운 상황이 닥친 것이다. 이카루스는 바다에 떨어져 죽었다.

이 이야기는 성공이 결국 파멸을 낳고 가장 소중한 자원이 나중에 자신을 망칠 수도 있다는 역설을 담고 있다. 미국의 저명한 경영저술가 짐 콜린스는 세계적 베스트셀러인 《*Good to Great*》(우리나라에서는 《좋은 기업을 넘어 위대한 기업으로》로 번역되었다)를 통해 "좋은 것은 위대함의 적(enemy)"이라고 갈파했다.

좋은 사람, 좋은 학교, 좋은 정부, 좋은 기업들이 좋은 상태에 만족

(자만)해버리면 더 이상의 발전을 꾀할 수 없기 때문이라고 설명하면
서 자만에 대한 여섯 가지 진단 척도를 제시했다.

- 자사의 탁월한 경영실적을 자랑한다.
- CEO가 유력 잡지의 표지모델로 등장한다.
- 경영의 대가들이 좋은 기업이라고 칭찬한다.
- 성공을 자축하기 위해 기념물을 건립한다.
- 특정 건물이나 거리에 기업의 이름이나 창립자의 이름을 붙인다.
- 최고경영진들이 하는 얘기가 비슷하다.

대부분의 경영석학들, 그리고 많은 책들은 성공의 요소 혹은 성공
의 비법에 대해 들려준다. 그러나 콜린스는 그와 반대로 실패로 가는
자만의 길을 조언한 것이다. 실패의 비결을 들려준 또 다른 사람으로
는 도널드 키오(Donald R. Keough)를 들 수 있다. 키오는 코카콜라 사
장을 지낸 인물로 43년 동안 코카콜라에 근무한 '미스터 코카콜라(워
렌 버핏이 붙인 별명)'이다.

그는 《실패하는 사람들의 10가지 습관(*The Ten Commandments for
Business Failure*)》이라는 책에서 실패의 비결 10가지를 이렇게 들었다.

- 모험을 하지 마라.
- 입장을 절대 바꾸지 마라.
- 자기자신을 격리시켜라.
- 한치의 오류도 없는 사람인 것처럼 행동하라.

- 법은 정도껏 지켜라.

- 생각할 시간을 갖지 마라.

- 전문가와 외부 컨설턴트를 무조건 믿어라.

- 관료주의를 사랑하라.

- 헷갈리는 메시지를 전달하라.

- 미래를 두려워하라.

이렇게 10가지만 지키면 당신은 실패의 길로 재빠르게 달려갈 수 있다. 10가지를 다 지킬 필요도 없다. 두세 가지만 지켜도, 아니 한 가지만 철저하게 지켜도 당신은 실패의 영광을 차지할 수 있다.

▌망각도 설계해야 한다

이병남 보스턴컨설팅그룹 한국 대표는 "성공하는 기업들은 과거의 영광에 집착하지 않고 그 속에 자라나고 있는 실패의 싹을 관찰한다"라며 "가장 극적인 성공을 거둔 기업일수록 실패의 쓴맛을 보기 쉽다"고 지적했다.

바로 이런 점 때문에 기업의 수명은 가련할 정도로 짧다. 산업화가 가장 먼저 진행된 유럽에서도 기업의 평균수명은 13년 정도다. 우리나라에선 1965년 기준으로 매출액 100대 기업 중 오늘날까지 살아 있는 기업은 12개에 불과하다. 미국의 경우 1955년 〈포춘〉 500대 기업에 포함됐던 기업들 중 40년 이상 생존한 기업은 32%에 그쳤다.

기업의 수명보다 더욱 짧은 것은 승패다. 프로야구 선수들이 각각 자신의 연봉과 명예를 걸고 총력전을 펼치는 미국, 일본, 한국의 리그를 보라. 우승팀은 거의 매년 바뀐다. 꾸준하게 상위권을 유지하는 팀들이 더러 있지만 10년, 20년 단위로 보면 반드시 그렇지도 않다. 2008년 한국 야구를 제패한 SK와이번스는 2006년에는 6위였다. 그 전의 성적도 신통치 않았다. 삼성, LG처럼 화려한 선수층을 구성하지도 못했다. 그럼에도 모든 팀 감독들은 SK가 당대 최강이라는 점을 인정한다. 하지만 언젠가 SK 또한 경쟁팀에 뒤처지는 날이 올 것이다.

그때 우리는 "우승한 뒤에 자만했다", "정신적으로 나태해졌다"는 판에 박힌 변명을 들을 것이다. 숱한 승부와 쓰라린 패배를 경험하면서도 좀처럼 안 되는 게 '과거의 승리를 망각하는 것'이다.

삼성이 사상 최고의 실적을 창출했던 2004년 이건희 회장은 사장단을 모아놓고 칭찬 대신 "위기의식을 가져라"는 당부를 했다. 요즘 벌어지고 있는 상황은 이 회장의 위기감이 '엄살'이 아니었음을 여실하게 보여주고 있다.

'망각'은 경험을 얘기하고 추억하는 우리에게 무척 어려운 일이다. 그래서 대단히 인위적이고 이성적으로 설계될 수밖에 없다. 혁신이나 창조라는 이름으로 말이다.

불안정한 기업이 안전하다

거대 기업이 관료주의의 타성에 빠지는 것을 막기 위해서는 경영시스템에 외부 에너지를 유입하는 방안이 필요하다. CEO를 교체하거나 외부 인물을 영입하는 게 대표적이다. 새로 자리를 맡아 변화를 도모하는 사람들은 기존 네트워크를 혁신의 장애물로 생각하는 경향이 강하다.

물론 강력한 카리스마가 넘치는 CEO라고 네트워크 전체를 바꾸기는 무척 힘들다. 이 경우엔 또 다른 에너지가 유입돼야 한다. 예를 들어 강력한 구조조정이나 사업 재편 같은 단절적이고 근본적인 변화를 추진하려면 외부 경제 여건이 어렵거나 불황이 장기화될 가능성이 고조되는 때가 적합하다.

가장 바람직한 것은 인위적인 외부 에너지를 빌리지 않고도 스스로 창조적 파괴를 할 수 있는 경우이다. NEC의 고바야시 고지(小林宏治) 전 회장은 일찍이 "안정된 기업은 불안전하고 불안정한 기업이 안전하다"는 명언을 남겼다. 기업이 경영상의 위험을 극복하고 안정 상태에 들어가는 순간 기업은 서서히 망하는 길로 들어서는 것이고, 반대로 곧 망할 것 같은 불안한 환경에서 생존을 위해 변화를 모색할 때 발전 가능성이 높아진다는 얘기다.

반대로 네트워크 한 부분에서는 긍정적이던 변화가 단계적 반응을 통해 다른 곳에서는 부정적인 변화를 야기할 경우 그 파장 또한 기하급수적으로 커지는 속성을 갖고 있다. 과거 김우중 전 대우 회장의 세계경영이 무려 26조 원이라는 천문학적인 부실을 끌어안고 무너진 것도 경영 네트워크 내 리스크 관리능력 부재가 '세계경영'이란 드넓은 네트워크를 타고 걷잡을 수 없이 확장된 데 따른 것이다.

Net Breaking

6장

불멸의 꿈

"지식과 용기는 위대한 일을 성취한다.
이 두 가지가 인간을 영원한 존재로 만든다."
– 랠프 에머슨

1965년 동명목재, 1975년 석유공사, 1985년 유공, 1995년 삼성전자, 2008년 삼성전자 연도별 매출액 1위 기업들의 변화상이다. 삼성전자를 제외하고는 10년을 못 버티고 랭킹 1위 자리가 바뀌었다.

여러분은 또 아시는가. 세계 최고의 휴대폰 기업인 핀란드 노키아, 항공업계의 '언터처블' 미국 보잉사의 공통점을. 이 두 회사는 출범 당시 목재회사였다는 점이다. 세계 게임업계를 평정한 일본의 닌텐도도 처음엔 화투 따위를 만들던 회사였다.

기업은 계속 진화한다. 그렇게 하지 않으면 죽는다. '밥 먹으면 배 부르다'는 말처럼 너무도 당연한 진리다. 삼성전자를 별볼일없던 가전회사에서 오늘날 눈부신 약진을 거듭하고 있는 글로벌 IT기업으로 키운 것은 1993년 "이대로 가면 다 죽는다"는 이건희 회장의 한마디였다.

국내 10대 기업의 변천(제조업)

순위	1965년	1975년	1985년	1995년	2008년
1	동명목재	석유공사	유공	삼성전자	삼성전자
2	금성방직	호남정유	호남정유	현대자동차	현대자동차
3	판본방직	현대조선	포항제철	포항제철	포스코
4	경영방직	포항제철	삼성전자	유공	LG전자
5	대성목재	한일합섬	금성사	LG전자	S-OIL
6	양회수출조합	경인에너지	현대중공업	기아자동차	SK네트웍스
7	동일방직	쌍용양회	현대자동차	LG칼텍스정유	현대중공업
8	동신화학	국제상사	쌍용정유	대우중공업	기아자동차
9	대한제분	대농	대우조선	현대중공업	LG디스플레이
10	제일제당	연합철강	럭키	현대전자	LG화학

(※ 2008년은 금융사 · 공기업 제외)

갈라파고스의 기업들

쉘과 아메리칸익스프레스의 진화

다윈이 "인간의 조상은 원숭이다"라고 말했을 때 세계는 들끓었다. 사람들은 원숭이의 몸에 다윈의 얼굴을 합성해 조롱을 했고 어떤 짓궂은 학자는 "당신의 할아버지가 침팬지입니까? 당신의 할머니가 침팬지입니까?"라고 묻기도 했다. 과학이 발달한 미국이지만 아직도 어떤 주에서는 학교에서 진화론을 가르치지 않고 창조론을 가르친다. 그런 사람들의 눈에 다윈은 위대한 생물학자가 아니라 배척해야 할 대상이리라.

불멸의 책 《이기적 유전자(*The Selfish Gene*)》를 낸 영국의 생물학자 리처드 도킨스(Richard Dawkins)는 그 책 첫머리에서 이렇게 말한다.

진화는 이처럼 중요한 개념이다. '진화'는 특정 가치관이 투영된 '진보'와 다르다. 진화의 진정한 의미는 변화하는 환경에 맞춰 생존에 성공하는 것이다. 한때 강력하고 번성했다는 것은 현재 시점에서 아무런 의미가 없다. 그저 그랬었다는 추억에 불과하다. "나도 왕년엔……"이라고 말하는 사람은 현재 지극히 별볼일없는 사람이라는 것을 인정하는 말에 불과하다. 그 누구도 그 사람의 지난 영광을 칭송하지 않는다.

기업의 모든 생사를 단순히 진화론적 세계관만으로 설명할 수는 없다. 하지만 혹독했던 빙하기가 지구의 생태계를 변화시키고 모든 생물의 진화를 촉진시켰듯이 경제위기 역시 지구의 현존하는 비즈니스 생태계를 파괴하고 기업의 진화를 요구한다.

찰스 다윈이 태고의 땅인 갈라파고스 제도를 탐험하면서 정립한 진화론은 어떤 의미에선 자연계보다 경제계에서 더 분명하게 증명된다. 환경으로부터 '자연선택'을 받지 못하는 생물이 도태되듯이 시장과 고객의 외면을 받는 기업은 아무리 뛰어난 명성을 갖고 있다 하더라도 위기를 맞을 수밖에 없다. 월스트리트 신화의 종말과 세계 거대 제조업체들의 몰락이 여실히 보여주고 있는 대목이기도 하다.

미국의 정유회사인 쉘(Royal Dutch Shell plc)은 환경 변화에 성공적으로 진화한 기업이다. 쉘은 유가 안정기였던 1960년대에 상상할 수 있는 범위 내에서 '에너지 위기 시나리오'라는 것을 작성했다. 마침내 1973년 10월, 중동전쟁으로 오일쇼크가 현실화됐을 때 쉘은 가장 탁월한 위기관리 역량을 선보였고 그 결과는 업계 7위에서 2위로의 도약이었다.

기업이 불황보다도 더 두려워하는 전쟁에도 기회는 있다. 세계 최고의 브랜드가치를 갖고 있는 아메리칸익스프레스(American Express Company, 아맥스)는 원래 미국의 서부개척시대 역마차사업으로 일어선 회사였다. 이 회사는 1850년에 창설되었고 1868년 머천트유니언익스프레스(Merchants Union Express Company)와 통합해 아메리칸머천트유니언익스프레스(American Merchants Union Express Company)로 이름을 변경했으며, 1873년 지금의 이름으로 바꾸어 현재에 이르고 있다. 기업의 역사가 무려 160년에 이른다.

아맥스는 1차대전의 발발과 함께 금융사로 발돋움하는 기회를 잡게 된다. 전쟁 발발과 동시에 유럽에 있던 15만 명의 미국인들은 큰 혼란에 빠졌다. 국경이 폐쇄되고 은행서비스도 정지됐다. 오도가도 못하게 된 미국인들은 파리에 있던 아맥스 사무실 앞에 진을 쳤다. 이 회사는 성의를 다해 여행자의 귀국 수속을 도왔다. 전쟁 중에도 유럽 사무실을 폐쇄하지 않고 여행자수표를 현금으로 바꿔줬다. 그것도 고객에게 유리한 환율로. 2차대전 후 유럽은 폐허가 됐지만 아맥스는 종전 후 어느 회사보다 먼저 유럽 영업소를 재건했다. 그 이후 '아메리칸익스프레스 = 세계여행'이라는 등식이 만들어졌다.

진화에 실패하면 생물종이든 인간이든 소멸되게 된다. 이는 기업이나 국가도 마찬가지다. 수많은 기업과 나라의 역사가 이를 증명한다. 진화를 선택할 것인가 현재에 만족할 것인가는 오로지 각자의 몫이다. 그러나 그 결과는 엄청나게 차이가 난다.

▍개미조차 1억 년을 존속하고 있건만

새삼스런 풀이지만 '법인'이란 용어는 '법적 인간'이란 뜻이다. 기업은 인간에게 부여된 법적 지위를 거의 유사하게 향유할 수 있도록 의인화돼 있다. 따라서 생물학적 존재로서의 인간과 마찬가지로 똑같은 생로병사의 프로세스를 갖고 있다. 유일하게 인간이나 생물과 다른 점은 생리적인 수명이 없다는 점이다. 때문에 모든 인간과 생물은 필연적으로 죽음을 맞이하지만 기업은 대를 이어가면서 불멸이라는 특권을 누릴 수 있다.

물론 기업이 아무리 강하다고 해도 정부나 권력을 대체할 수는 없다. 세계 최고의 기업도 징집과 조세징수권을 갖고 있는 아프리카 어느 작은 나라의 권력과 비교될 수는 없다. 하지만 이제 기업이나 조직은 국가 이상으로 힘을 행세하고 있다. 월마트와 같은 다국적기업들, 알카에다(Al Qaeda)와 같은 테러 네트워크는 어떤 의미에서는 국가보다 더 큰 힘을 발휘할 때가 있다.

산업혁명 이후의 역사는 기업 흥망의 역사라고 해도 과언이 아니다. 산업혁명이 시작되기 훨씬 전인 1700년 영국의 동인도회사는 고작 350명의 직원으로 출범했지만 훗날 전체 영국군 병력의 두 배에 해당하는 사병 26만 명을 동원해 인도를 통치하며 무려 274년 동안 존속했다.

동인도회사가 아니더라도 현존하는 기업 중에 100년을 넘어 생존하고 있는 기업들은 얼마든지 찾아볼 수 있다. 역동적인 환경에 진화를 거듭한 결과다. 세상에 불멸은 없다지만 비즈니스 세계에선 미리 절망할 필요가 없다. 인간들이 우습게 여기는 개미조차 1억 년을 살고 있지 않는가.

다윈 진화론의 핵심

지금으로부터 150년 전인 1859년 《종의 기원》을 쓴 영국의 찰스 로버트 다윈 (Charles Robert Darwin, 1809~1882)은 모든 생물이 변화하는 환경에서 '자연선택'을 통해 진화한다고 했다. 신이 인간을 포함한 모든 생물을 창조했다는 '스콜라 철학'이 유럽을 지배하던 시절에 이 주장은 대단히 혁명적인 이론이었다.

자연선택설은 크게 네 가지 단계를 거쳐 일어나게 되는데, 그 첫 번째 단계가 과잉생산이다. 생물들은 자신이 살고 있는 환경에 비하여 많은 수의 자손을 낳게 되는데 그들은 모두 같은 특성을 갖는 것이 아니라 조금씩의 차이(변이)를 가지고 있다. 이렇게 많은 수의 자손을 낳게 되면 자손들 간에 살아남기 위한 생존경쟁이 일어나게 된다. 생존경쟁에서는 환경에 가장 적합한 특성을 가진 개체들만이 살아남게 되고(적자생존, 자연선택), 그렇지 못한 개체들은 도태된다.

생존경쟁에서 살아남은 개체들의 '생존에 유리한 유전물질'은 자손에게 전달된다. 이 같은 과정이 무수하게 반복되면서 새로운 변종들이 나타나게 된다는 것이다. 자연선택의 기준은 오로지 생존과 번식이다. 자연선택의 목표는 없다. 미래를 내다볼 필요도 없다. 단지 '살아남는다'는 결과만이 중요하다.

진화론의 틀로 세상을 설명하는 이들은 공룡이 환경변화에 적응하는데 실패한 나머지 멸종됐다는 분석을 내놓는 것에 냉소를 보내고 있다. 고작 300만 년을 생존한 인간이 무려 1억 5,000만 년을 살아남은 공룡에게 그런 주장을 할 수 있느냐는 것이다.

진화론이 인정받기까지는 한 세기가 넘는 세월이 걸렸다. 후세에 변이가

공룡은 정말 둔하고 어리석으며 적응력이 뒤진 생물이었나?

나타나도록 만드는 구체적인 과정을 규명할 수 없었기 때문이다. 멘델의 완두콩 실험을 통해 정립된 유전법칙과 1953년에 밝혀진 DNA 구조와 기능에 대한 이해가 있고서야 진화론은 일반인의 상식으로 '진화'하는 데 성공했다.

지금 누군가는 카운터펀치를 준비하고 있다

▌시어스로벅의 멸망

예나 지금이나 중국은 강대국이었다. 청조말부터 2차대전 시기를 제외하고 중국은 항상 전세계의 어느 나라보다 앞선 문명을 꽃피웠고 높은 생산성을 유지했다. 그중 최고의 전성기가 당송시대이다.

8세기 중국 당나라는 세계의 중심이었다. 넓은 대륙과 많은 물자, 활발한 대외교역을 앞세워 세계 최고의 경제대국으로 군림했다. 군대 규모 역시 가장 컸다(당시 어느 나라가 중국보다 앞설 수 있었겠는가?). 하지만 당나라군은 군기가 엄정하지 않았다. 워낙 숫자가 많아서 그랬는지 체계적인 군사훈련도 시키지 않았다. 아마 '당'이라는 나라를 침략할 나라가 이 지구상에는 없을 것이라고 자만을 해서 그랬는지도 모른다.

그런 연유로 지금도 '당나라 군대'는 '군기가 빠진 군대'의 대명사로 조롱을 받는다. "그 회사는 당나라 군대야"라고 말하면 회사의 시스템이 엉망이고 CEO와 직원들의 마인드도 형편없다는 뜻이다(그러나 당나라 군대는 신라와 연합해 백제를 멸망시킨 군대라는 사실을 잊어서는 안 된다).

당나라 군대가 이렇게 어수룩한 반면 13세기 몽골군은 세계 군사 역사상 가장 강력한 '변종'이었다. 군사 숫자가 많지 않고 병참 역량도 뛰어나지 않았지만 탁월한 기마전술과 전격전으로 유럽 전역을 초토화시켰다. 몽골군이 세계를 정복했을 때 병사들의 수는 오늘날 6만 명에 달하는 뉴욕시 전체 공무원 수보다 적었다! 이렇게 적은 군대로 어떻게 세계를 정복할 수 있었을까? 여러 가지 요소가 있지만 여기서 우리가 주목해야 할 것은 변종이다. 변종은 일단 득세를 하면 무섭게 세력을 확장한다. 칭기즈칸이 이끄는 몽골군이 바로 변종의 대표적인 본보기이다.

이 세상 모든 것은 진화한다. 진화의 첫 번째 원동력은 변이(variation)다. 돌연변이라는 말이다. 하지만 누구도 변화하는 자연이 어떤 변이를 선택할지 예측하지 못한다. 이는 변이의 우수성과는 완전 별개의 문제이기 때문이다. 아무리 화려한 외양과 강력한 힘을 갖고 있다 하더라도 환경이 수용하지 못하는 변이는 존속을 장담할 수 없다. 기업도 마찬가지다.

미국 시카고의 시어스타워는 마천루 경쟁의 절정이자 미국 자본주의의 자부심이 담긴 빌딩이다. 1973년 완공된 이 건물은 443m(110층)

의 높이에 무려 1만 6,000개의 창문을 달았고 미국 최대 유통기업인 시어스로벅의 임직원 7,000여 명을 수용했다.

당신은 시어스로벅이라는 회사를 아는가? 이 회사를 모른다고 해서 부끄러워하거나 당황할 필요는 없다. 경제 전문가가 아닌 이상 이 회사를 아는 사람은 그리 많지 않다. 그리고 다음의 이야기를 빼고는 알 필요도 없다.

시어스로벅은 1886년 우편판매라는, 당시로는 기발한 착상으로 미국 소매물류 시장을 석권한 기업이다. 백과사전의 대명사인 《브리태니커》를 한때 소유하기도 했었다. 20세기 초중반, 자동차 대중화 바람을 타고 비약적인 성장을 거듭하던 이 회사는 마침내 세계 최고층빌딩을 짓고 전세계에 자신들의 성공신화를 뽐냈다.

그들은 그 성공신화가 천년만년 이어지리라고 생각했다. 최고의 최고경영자로부터 말단 직원에 이르기까지 "우리 회사는 영원히 1등을 차지할 거야"라고 생각했을 것이다. 하지만 세상은 그리 만만하지 않다. 더 정확하게는, 1등을 그냥 내버려두지 않는다. 찬란한 문명을 꽃피운 당나라가 290년 후 멸망한 것처럼, 최강의 군사력을 지닌 몽골군의 원나라가 그로부터 100년 후 지구상에서 사라졌다는 사실을 우리는 기억해야 한다. 그것을 기억하지 못하면 같은 길을 걷게 된다. '어떻게 살아남을 것인가'를 끊임없이 고민하지 않으면 그 어떤 조직도 내일의 태양을 볼 수 없다.

시어스로벅은 어떻게 되었을까? 10여 년이 지난 1980년대, 시어스로벅은 경쟁상대로조차 언급되지 않던 월마트라는 회사가 자신을 거꾸러뜨릴 줄은 상상조차 하지 못했다(당신은 월마트라는 회사를 아는가?

아마 잘 알 것이다. 그러나 10년 후 월마트도 우리의 뇌리에서 잊혀질지도 모른다). 월마트는 대도시 대신 지방의 중소도시를 공략하면서 '1년 365일 할인'이라는 캐치프레이즈를 내걸고 단숨에 바벨탑 같은 시어스타워를 기어올랐다. 월마트는 1992년 시어스로벅의 10배가 넘는 670억 달러의 매출을 올리며 시어스타워의 시대가 끝났음을 공포했다.

성공기업이 추락하는 경로	
과거의 성공방식	타성으로 전락
전략 틀 (Strategic frame)	눈가리개 (blinder)
경영자원 (resource)	골칫거리 (milestone)
프로세스 (process)	기계적 절차 (routine)
관계 (relation)	족쇄 (shackle)
가치관 (value)	도그마 (dogma)

▌변화의 물결이 넘실대는 방파제에서

왜 기업은 영속성을 장담할 수 없을까? 왜 거대 기업이 작은 기업에게 KO패 당할까? 거대 기업은 누군가가 다가와 주먹을 휘두를 때까지 아무것도 하지 않았을까? 무언가를 하기는 했을 것이다. 그러나 그 무언가는 진화와는 관계가 없는 것이었다. 누군가가 카운터펀치를 가다 듬고 있을 때 소파에 누워 낮잠을 잔 것이다(낮잠도 하나의 행동이다).

진화는 결코 일정한 속도로 일어나지 않는다. 환경 변화가 느린 시기에는 진화의 속도도 느리다. 따라서 급격한 형태의 변종(변이)은 오히려 생존경쟁에 불리하다. 반면 변화의 양상이 예상치 못하는 속도로 빨라질 때는 스피드를 갖춘 변종이 살아남을 확률이 크다. 결론은 필요한 시기에 필요한 변이를 만들어야 하는 것이고, 그런 변종만 살아남는다는 것이다.

시어스로벅이 월마트에 역전을 허용한 이유는 1960년대 이후 경제성장으로 미국 중산층들의 소비패턴이 간접구매보다는 직접구매 쪽으로 급격하게 이동하고 있다는 사실을 간과했기 때문이다(몰랐을 수도 있고, 무시했을 수도 있다) 하지만 월마트 역시 언젠가는 '눈여겨보지 않은' 그 누군가에게 뒤통수를 맞고 쓰러질지도 모른다. 그게 바로 내일일 수도 있다.

변종은 전세계를 공포에 떨게 하고 환호성 치게 하고 때로는 즐거움을 안겨준다. 어떤 의미에서 세계의 역사는 변종의 역사이다. 아인슈타인이 그렇고 히틀러가 그렇다. 그러나 무조건 변종이 되겠다고 달려드는 것도 곤란하다. 자연계에선 수많은 변종 중에 극소수만이 살아남는다. 그래서 인간이, 기업이 인위적으로 판단하고 선택하는 변종 전략은 위험할 수밖에 없는 도박이다. 하지만 변화의 물결이 넘실대고 있는 방파제에서 그냥 넋 놓고 있다가는 시어스로벅의 꼴이 된다.

스스로 변종이 된 기업들

국내 교육업계는 변종이 우글거리는 정글이다. 정부가 주도하는 대입 정책이 수시로 바뀌는데다 유망 직업의 변화, 경기의 부침 등과 같은 다양한 변수들이 수많은 변종의 탄생을 부추긴다.

시가총액 1조 원이 넘는 교육공룡 메가스터디는 한 사회탐구 강사의 엉뚱한 아이디어에서 시작됐다. 창업주 손주은 사장은 2000년 인터넷의 출현으로 등장한 온라인 교육의 강점이 '무한복제'에 있다는 것을 간파하고 메가스터디를 만들었다. 오프라인 학원은 한 강의실 수용 인원이 많아야 2,000명 수준이지만 온라인으로 이를 옮겨오면 10만 명에게 판매할 수 있다는 게 그의 생각이었다.

당시 인터넷을 교육에 접목시켜려는 시도를 했던 업체는 메가스터디만이 아니었다. 배움닷컴, 참누리, J&J 등도 엇비슷한 사업모델을 들고 나왔다. 메가스터디는 서울 대치동의 강사들을 대거 영입해 '스타강사 시스템'을 구축하는 방법으로 경쟁사를 따돌렸다. 스타강사에게 매출의 30%를 주는 이 시스템은 지금까지도 후발주자를 견제하는 진입장벽 역할을 하고 있다. 1위업체에 가야 더 많은 수입을 올릴 수 있다고 판단한 우수 강사들이 메가스터디에만 몰리기 때문이다.

메가스터디 이외의 메이저 교육업체들도 스스로 변종이 되는 결단을 통해 현재의 위치에 올라설 수 있었다. 학습지 업계 1위인 대교는 학생들이 교사를 찾아가야 하는 학원 사업의 불문율을 무너뜨리고 연간 3조 원 규모에 달하는 학습지 시장을 개척했다. 청담러닝은 입시 이외의 교육 사업은 성공하기 힘들다는 고정관념을 무너뜨린 케이스다. 해외유학 열풍으로 실제로 외국에서

생활할 때 필요한 영어를 배우려는 수요가 급증할 것이라는 점을 미리 내다
본 선택이 적중한 것이다.

　제조업의 강자 중에도 눈에 띄는 변종이 많다. 정수기 업계 1위인 웅진코웨
이는 IMF로 급감한 정수기 매출을 회복하기 위해 한 달에 2만 원을 받고 제품
을 빌려주는 사업모델을 개발해 업계를 장악할 수 있었다. 1999년 걸레질이
가능한 스팀청소기라는 독특한 상품을 만들어 대기업이 즐비한 전자업계에
서 입지를 다진 한경희생활과학도 변종 성공 스토리의 주인공 중 하나다.

코끼리의 족쇄를 풀어라

검은 공이 20개 들어 있는 주머니에서 무작위로 공을 꺼냈다. 무슨 색일까. 상식적인 답은 '검은색'이다. 진화론자들은 다른 대답을 한다. "어느 정도의 시간이 지난 후에는 흰색일 수 있다."

찰스 다윈은 1858년 영국 린니언학회에서 발표한 논문에서 진화의 전제조건 중 하나로 '변이'를 들었다. 형질이 동일한 개체들 간에는 빈번한 선택이 벌어진다 해도 유의미한 변화가 불가능하다는 게 그의 주장이었다.

변이로 인한 변종의 출현 자체를 진화로 볼 수는 없다. 변화된 환경에 적응할 수 있는 변이가 선택되고 그렇지 못한 변이는 도태되는 자연선택의 과정이 있을 뿐이다. 그런 점에서 변종은 취객의 걸음걸이와 닮았다. 특별히 미리 정해둔 방향성이 없다는 얘기다. 검은 공이 흰색으로 바뀔지 붉은색으로 변할지는 다분히 우연적인 요소에 의해 결정된다. 진화 생물학자인 리처드 도킨스의 표현에 따르면 진화는 '눈먼 시계공'일 뿐이다.

자연선택을 받은 변종은 어떤 운명을 걷게 될까. 역사가 긴 자동차 산업을 보면 새로운 변종이 지속적으로 변이를 일으키지 못해 주류로 변해버린 변종을 잡아먹는 모습이 반복적으로 등장한다.

구제금융 없이는 생존이 위태로운 상황에 처해 있는 미국 포드사도 처음에는 변종이었다. 헨리 포드는 1909년 대량생산을 통해 가격을 낮춘 모델 T를 개발해 자동차 업계를 석권했다. 당시 모델 T의 출시 가격은 850달러로 2,000달러를 상회했던 기존 제품의 1/3 수준이었다. 한 세대를 풍미했던 포드는 그러나 1920년대 들어 새로운 변종 GM에게 왕좌를 내주게 된다. GM은 캐딜락, 뷰익, 올즈모빌, 폰티악, 시보레 등 가격대가 서로 다른 5종의 신차를 한꺼번에 내놓으며 처음으로 다품종 생산 시대를 열었다. 모델 T에 식상함을 느낀 소비자들은 급속히 GM으로 이동했고 결국 포드는 1927년 1월 모델 T 생산을 중단하게 된다.

자동차 왕국인 미국은 1970년대 들어 도요타를 필두로 한 일본 기업들에게 주도권을 내주기 시작한다. 1970년 미국에서 배기가스 규제를 강화한 머스키법안이 통과하면서 연비가 뛰어난 일본차들이 선풍적인 인기를 끌기 시작한 것이다. 설상가상으로 1973년과 1979년에 오일쇼크가 발생하면서 소형차 시장은 고스란히 일본 기업들의 수중으로 떨어지게 됐다.

만약 어느 날 반도체 없이 PC를 만들 수 있는 기술이 개발되면 어떻게 될까. 전선 없이 무선으로 전력을 공급하는 기계장치가 개발되는 날, 전세계 전선업체들과 목재업체, 건설업체들은 어찌 되는 걸까. 해당 기업으로서는 정말 끔찍한 일이겠지만 그런 날이 오지 않을 것이라고 장담할 수 있는 이는 아무도 없다.

변화에 적응할 수 있는 변종전략을 채택하는 첫 걸음은 타성을 깨부수는 데서 시작된다. 어린 코끼리의 뒷다리에 족쇄를 채우고 2m 길이의 사슬에 연결하면 코끼리는 성년이 되어서도 2m 이상을 움직이지 못한다. 그만큼 타성은 무서운 것이다.

▮ 위험을 감수하지 않으면

대공황을 기점으로 성장한 3M의 영문 이름은 미네소타광공업주식회사(Minesota Mining Manufacturing)였다. 이름 그대로 광산회사였고 자본금 5,000달러의 별볼일없는 중소기업이었다. 하지만 1925년 3M의 연구원인 리처드 드류(Richard Drew)가 스카치테이프의 시초인 '마스킹 데이'를 개발하면서 이 회사의 변종전략은 급피치를 올렸다. 대공황기에 집안 가재도구나 살림살이를 재활용하는 데 관심이 많았던 소비자들에게 스카치테이프는 무척 요긴한 물건이었다. 훗날 '포스트잇'으로 연결된 변종 상품은 3M을 세계적인 사무용품 전문회사로 발돋움하도록 만들었다.

포스트잇 역시 실패 제품이었다. 1970년에 3M의 연구원인 스펜서 실버(Spencer Silver)가 강력접착제를 개발하려다 실수로 접착력이 약하고 끈적거리지 않는 이상한 접착제를 만들게 되었다. 그러나 그는 이 실패물을 폐기시키지 않고 일단 회사에 보고를 했다. 4년이 흐른 어느 날 3M의 또 다른 연구원인 아서 프라이(Arthur Fry)는 교회에서 성가를 부르다가 찬송가책에 끼워놓은 종잇조각이 떨어져 당황했다. 그 순간 그는 실버의 실패 작품을 떠올렸고 연구를 거듭해 포스트잇을 개발하게 되었다. 실패물이 대성공을 거둔 순간이었다.

만약 실버가 실패물을 그대로 쓰레기통에 던져버렸더라면, 회사가 그에게 실패물을 만들었다고 질책을 했더라면, 프라이가 아이디어를 떠올리지 않았더라면 포스트잇은 탄생하지 않았을 것이다. 탄생했다 해도 3M이 아닌 다른 기업의 몫이었을 것이다. 변종은 이렇게 뜻밖의 곳에서 탄생하고 그것이 성공하기 위해서는 부단한 노력이 필요하다.

반면 1970년대 세계 IT업계 최강자였던 IBM은 1980년대 후반 PC시장의 급성장을 도외시한 나머지 부가가치가 높은 소프트웨어 및 CPU 사업을 인텔에 내주고 한낱 PC 조립업체로 전락하고 말았다. 주력 제품인 메인프레임의 매출도 1990년 130억 달러에서 1993년 68억 달러로 급감했다. 당시 〈월스트리트저널〉은 "IBM이 다시 일어설 때쯤이면 세상은 많이 변해 있을 것이다. 따라서 다시는 IBM이 컴퓨터업계를 지배할 날은 오지 않을 것"이라고 썼다. 물론 IBM은 1990년대 루 거스너라는 걸출한 지도자를 맞아 IT솔루션 사업으로 예전의 명성을 회복했고 〈월스트리트저널〉의 예상은 빗나갔다.

기업이 진화에 실패하는 이유는 내부에 누적된 불안요인이 외부 위협요인과 상호작용을 하는 과정에서 '불량 변종'을 양산하거나 위험을 감수하지 않기 때문이다.

최근 10여 년 동안 삼성, LG가 글로벌 디지털시장을 질주하는 동안 가장 많은 피해를 입은 곳은 도무지 흔들릴 것 같지 않던 일본의 '전자왕국' 기업들이었다. 소니, 도시바, 샤프, 후지쯔 등은 지금도 모든 기업들이 부러워하는 원천기술을 보유하고 있지만 '디지털 컨버전스'와 '감성 공학'의 영역에서 스스로 변종이 되지 못했다. 그걸 두려워했다. 삼성이 낸드플래시를, LG가 LCD라는 변종 제품을 앞세워 양대 전자부품 시장을 장악하는 동안 일본 기업들이 한 일이라곤 이미 효용이 다한 '경박단소'의 전략을 재탕하는 것뿐이었다.

하지만 저력만 놓고 본다면 당대 최고인 일본 기업들이 IBM처럼 화려한 비상을 재개하지 말란 법이 없다. 그리고 그 순간이 삼성, LG의 성장가도에 심각한 위협이 될 게 분명하다. 비즈니스의 세계에서 승부는 결코 완결되는 법이 없다.

진화하는
네트워크

▌인간의 몸에서 네트워크 구조를 다 떼어내 버리면

160억 년 전에 탄생한 우주는 무수한 항성의 탄생과 죽음을 통해 장대한 물질 진화를 이룩했다. 그 결과가 태양계의 한 혹성인 지구의 생명이다. 이 생명은 또 다시 수십억 년의 진화 프로세스를 통해 인간을 낳았고 그 인간이 오랜 세월에 걸쳐 만들어낸 것이 현대문명이다. 문명은 지금도 진화를 계속하고 있으며 감히 그 종착역을 짐작하기 어려울 정도로 앞으로 나아가고 있다.

경영이라는 행위는 현대사회가 낳은 진화의 최첨단에 있다. 시간의 흐름에 따라 복잡하게 변화해나가는 환경에서 새로운 변이를 창출하고 살아남기 위해 세상의 온갖 네트워크에서 정보와 지식, 영감을 모

으고 축적한다. 관계의 복합체를 의미하는 네트워크는 언제나 인간사
회를 움직여나가는 공간이었으며 하부 관계들의 끊임없는 상호작용
을 통해 스스로 무너지고 새로 만들어지는 진화를 거듭해왔다.

따지고 보면 자연계 생물의 세계 역시 광범위한 네트워크로 구성돼
있다. 분자들은 세포에서 상호작용하고 세포들은 유기체에서 상호작
용한다. 그리고 유기체들은 생태계에서 상호작용한다.

경제계 역시 네트워크에 의존한다. 우리가 살고 있는 지구는 도로,
하수도, 광케이블, 통신망, 전파, 철로, 가스파이프 등으로 둘러싸여
있다. 기업들은 이 공간에서 소비자, 정부, 경쟁기업 등과 상호작용을
하고 개별 시장들은 전체 지구촌 시장에서 상호작용을 한다. 생물세계
에처럼 경제세계의 네트워크들도 중층적으로 배열돼 있다. 자동차산
업만 보더라도 그 주변을 차지하고 있는 산업네트워크에는 철강, 석
유, 호텔, 패스트푸드 등이 다양하게 포진돼 있다.

현대 기업 간 경쟁은 네트워크의 쟁탈전이다. 동시에 새로운 네트
워크를 창출하는 자가 새로운 부가가치를 획득하고 시장의 패권을 장
악하는 위치를 차지한다.

▌슈퍼컴퓨터로도 계산이 안 되는 복잡성

네트워크의 가치는 생물학에서도 그대로 입증된다. 인간게놈은 유전
자로 구성된 거대하게 복잡한 화학적 네트워크다. 인간게놈 프로젝트
가 출범하기 전에 많은 과학자들은 인간게놈이 약 10만 개의 유전자

를 갖고 있을 것으로 추정했다. 하지만 막상 연구가 완성됐을 때 인간의 유전자 숫자는 3만 개에 불과했다. 사람들은 3만 개의 절대적인 숫자에 놀란 게 아니라 인간보다 훨씬 하등생물인 회충과의 차이가 얼마 되지 않는다는 사실에 더 놀랐다.

회충의 유전자 숫자는 인간의 2/3 수준인 1만 9,000개였다. 그렇다면 호모사피엔스와 선충류의 격차는 어디서 온 것일까. 이에 대한 답이 바로 네트워크다. 2개의 유전자를 갖고 있는 네트워크에서 나타날 수 있는 생물의 종류는 2의 제곱, 즉 4다. 같은 방식으로 3개라면 8, 4개라면 16이다. 만약 100개라면 무려 5억 6,800만 개다. 가능한 모든 상태의 가짓수 측면에서 기하급수적으로 불어나기 때문에 인간이 회충보다 유전자 숫자가 1만 개 많다는 것은 거의 슈퍼컴퓨터로도 계산이 안 되는 복잡성을 인간이 갖고 있다는 사실을 보여준다. 복잡성은 환경변화를 맞이해 선택가능한 대안이 많다는 것을 의미한다.

이 같은 논리를 우리 주변의 커피숍과 한국 최고의 기업 삼성에도 그대로 대입해볼 수 있다. 통상 큰 커피숍에서 일하는 직원의 숫자는 10명 정도이다. 반면 삼성의 임직원 숫자는 18만 명이다. 숫자로 보면 삼성의 직원은 커피숍의 1만 8,000배에 달하지만 네트워크의 복잡성은 그보다 엄청난 차이가 난다. 또 삼성의 조직 규모는 내재적으로 미래혁신을 위한 더 많은 기회와 공간을 갖고 있다. 삼성 조직 네트워크에서 동원 가능한 네트워크, 확장 및 폐기를 선택할 수 있는 네트워크가 훨씬 많다는 것은 삼성이 조그만 구석의 커피숍보다 훨씬 더 많은 생존술을 갖고 있다는 의미다.

뉴욕시, 비달 사순을 몰라보다

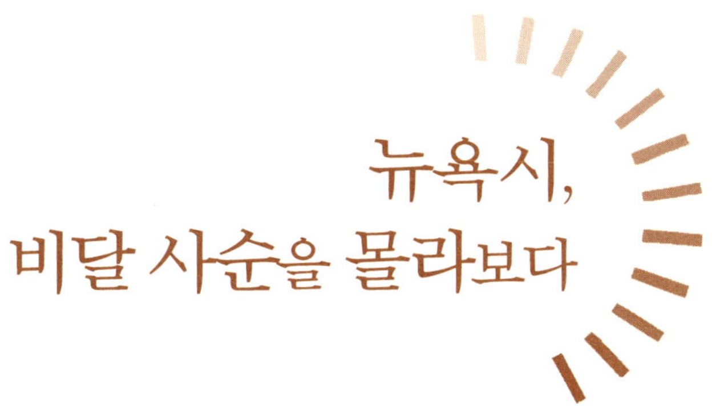

진화의 敵들

논리대로라면 작은 조직은 큰 조직을 영원히 이기지 못한다. 하지만 큰 조직에는 복잡성의 '불행'이 있다. 과거 로마나 몽골제국, 진시황제의 진나라가 망한 것이나 거대 기업들이 멸망하는 것 역시 스스로 얽어놓은 네트워크에 발목이 잡혔기 때문이다. 네트워크 실패의 가장 대표적인 사례가 관료주의다.

'관료주의(Bureaucracy)'라는 말은 18세기 중반 프랑스 경제관련 문헌에서 처음 등장했다. 관직을 뜻하는 'bureau'와 지배를 뜻하는 'cratic'에서 유래되었다. 19세기와 20세기 초에 많은 정치학자와 사회학자들이 관료주의 찬반 논쟁에 참여했다. 토머스 칼라일(Thomas

Carlyle)은 관료주의를 '대륙성 민폐'라고 불렀다. 그러나 어떤 사람들은 관료주의는 꼭 필요하며 심지어 훌륭한 것이라고 주장했다. 그들은 관료주의가 없었다면 중국인은 만리장성을 건설하지 못했으며 이집트인들은 피라미드를 세우지 못했을 것이라고 주장한다. 어떤 의미에서 그 말은 맞다. 많은 사람들을 상대로 어떤 일을 시키기 위해서는 관료제보다 더 효율적인 것은 없다.

그러나 관료주의는 진보를 이루지 못한다. 관료주의에 대한 격언들이 이를 잘 증명한다. 소설가 프란츠 카프카는 이렇게 말했다. "인류에게 고통이라는 쇠사슬을 안겨주는 것은 모두 관청에서 사용하는 종이로부터 나왔다." 또 폴란드의 작가인 에르지 우란도트(Jerzy Jurandot)는 이렇게 비꼬았다. "만일 관료가 세상을 창조했다면 우리는 아직도 노아의 홍수를 겪고 있을 것이다."

물론 어떤 정부나 기업도 관료주의를 일부러 설계하지 않는다. 오히려 혁파해야 할 대상으로 첫 손가락에 꼽는다. 그리고도 번번이 조직의 관료화를 막지 못하고 작지만 유연하고 민첩한 조직에 추격을 허용한다.

이런 일이 생기는 이유는 조직의 확장 과정에서 필연적으로 생기는 역할의 배분과 조직 간의 장막 때문이다. 모든 구성원들이 액면 그대로 자신이 부여받은 역할에만 충실하려고 할 경우 조직 간 소통에 장애가 오고 네트워크의 작동 속도가 느려진다. 예를 들어 제품 설계를 하는 사람은 엔지니어링 기술에만 집착하고, 마케팅을 하는 사람은 시장 소비자들에게만 관심을 쏟을 경우 그 회사는 기술과 시장을 제대로 연결시킬 수 없는 것이다.

▌유교적 권위주의

"거대한 조직일수록 점진주의에 중독되기 쉬우며 점진주의는 혁신을 가로막는 최대의 적(니콜라스 네그로폰테, Nicholas Negroponte)"이라는 얘기는 바로 융통성이 떨어지고 경직되기 쉬운 복잡성의 함정을 정면으로 꼬집은 것이다. 겉으로는 변화의 필요성에 공감하면서도 좀더 나가려고 할 때는 보수적으로 돌아서고 마는 경우는 헤아릴 수 없이 많다.

영국의 헤어 디자이너 비달 사순은 정밀한 커트를 개발해 직모 여성들을 파마로부터 해방시킨 인물이다. 하지만 그는 뉴욕에서 영업을 하려면 파마기술을 테스트하는 면허시험이 필요하다는 얘기에 한때 뉴욕 진출을 포기해버렸다. 뉴욕시의 관료 네트워크가 자신이 무엇을 하고 있는지도 모른 채 저지른 잘못이다.

그래서 기업 조직의 변화를 꿈꾸는 이들의 가장 큰 소망은 관료적 형식주의 타파다. 상명하복식의 피라미드 조직 대신 '작고 빠른' 조직을 건설하려고 한다. 빠른 의사소통과 정보처리, 창의적이면서도 자율적인 업무처리가 가능하기 때문이다. 국내 기업들 역시 좀더 유연하고 경쟁력 있는 조직을 만들기 위해 해외기업들을 벤치마킹하는 등 다각도로 노력을 벌이고 있다.

하지만 기업조직을 단기간에 수평적 협업체제로 바꾸기 힘든 것 또한 사실이다. 형식적으로 팀 체제를 바꾼다 하더라도 조직운용의 소프트웨어를 어떻게 가져가야 할지에 대해서도 충분한 탐색이 이뤄지지 않고 있다. 게다가 우리 사회는 유교적 권위주의가 뿌리깊게 자리잡고 있다. 한국의 기업 조직은 과연 어떤 변이 창출을 통해 진화하게 될까.

송장벌레보다 못한 기업들

조선소와 아파트

송장벌레는 까만 바탕에 붉은 무늬를 가진 딱정벌레의 일종이다. 몸 길이는 약 2cm이다. 이름이 송장벌레인 이유는 썩은 고기를 먹고 살기 때문이다. 자기 몸집보다 수십 배나 더 큰 생쥐 시체 같은 것도 용케 끌고 와서 쟁여두고 새끼들에게 먹인다. 유충이 알에서 부화하면 송장벌레 아비와 어미는 먹이를 먼저 먹어 소화시킨 다음 토해내서 몰려든 유충들에게 먹인다. 유충은 곧 통통한 굼벵이가 된다. 유충이 성충이 되기 위해 흙 속으로 파고들면 부모는 또 다른 죽은 고기를 찾아 날아간다.

그런데 송장벌레 부모가 찾아내는 고기의 크기는 매번 다르다. 둥지에서 떨어진 아기 새도 있고 생쥐처럼 꽤 큰 생물도 있다. 반면 송장벌레가 낳는 알의 수는 매번 비슷하다. 고깃덩어리가 작으면 유충 중 일부는 먹을 게 없다. 송장벌레는 이런 상황을 어떻게 해결할까?

답은 '자식 살해'다. 송장벌레는 알이 부화하면 놓여 있는 먹이의 크기만큼을 빼고 나머지 알을 우걱우걱 먹어치운다. 즉 자기가 낳은 자식을 먹는 것이다. 그리고 나머지 유충을 정성껏 보살핀다.

인간들은 제우스의 아버지 크로노스가 자식들을 잡아먹었다거나 스파르타인들이 약한 아이를 절벽에서 떨어뜨려 죽인 일을 몸서리치며 끔찍하게 생각하지만 자연에서 '영아살해'는 그다지 드문 일이 아니다. 고릴라나 침팬지들은 더 강한 수컷이 약한 수컷의 새끼들을 죽인다. 새들이 여러 개의 알을 낳으면 이 중 먼저 부화한 큰 녀석이 다른 알들을 둥지 밖으로 떨어뜨려버리기도 한다. 이런 일들이 일어나는 이유는 간단하다. 생존을 위해 개체 수를 조절하는 것이다. 자연계의 생물종에게 있어 가장 큰 목표는 생존이다. 벌레나 포유동물은 어떤 원대한 목표를 이루기 위해 이 세상을 사는 것이 아니다. 단지 살기 위해서 산다.

하지만 만물의 영장이라는 인간은 가끔 이런 단순한 생존의 원리를 잊는다. 공급 과잉으로 스스로를 위기에 빠뜨린 조선업계나 건설업계를 보면 그러하다. 국내 조선업계는 2000년대 들어 엄청난 호황을 누렸다. 낡은 선박의 교체 시기가 된 데다 중국, 인도 등의 경제규모가 성장하면서 원자재와 상품을 실어나를 배가 많이 필요해진 것이 첫째 원인이었다. 우리나라의 선박 수출은 2001년 이후 8년간 연평균 22.7%씩 증가해 2008년에는 432억 달러어치에 이르렀다.

선박 수주의 증가는 조선경기 활황으로 이어졌다. 한번 지으면 부수기 어려운 시설투자임에도 불구하고 워낙 경기가 호황이다보니 너도나도 조선소를 짓는 데 뛰어들었다. 불과 몇 년 뒤에 공급 과잉이 오게 된다는 것도 내다보지 못한 채 몇 년치 일감을 미리 확보했다는 이야기만 되풀이했다.

하지만 공급 과잉의 징조는 곳곳에서 나타나고 있었다. 선박을 만들어본 적도 없는 회사들이 세계 여러 곳에서 수주를 해왔고 계약서를 근거로 은행에서 돈을 빌렸다. 이런 현상은 우리나라뿐만 아니라 빠르게 성장하는 중국 조선업계에서도 동시에 나타나고 있었다. 2009년에 전세계적으로 인도되는 선박은 2,000척에 이른다.

이런 와중에 글로벌 경제위기가 선박 수요를 급감시키며 잔뜩 부풀어오른 조선경기의 거품을 터뜨렸다. 신규 수주는커녕 기존 수주계약도 취소되는 일이 드물지 않게 됐다. 자연히 수주 잔고도 2008년 3분기 말부터 감소세로 돌아섰다. 선박 가격도 2008년 9월 이후 15% 가량 떨어졌다. 배값이 내리면서 발주고객이 가격을 깎아달라고 요구하는 경우도 늘고 있다. 은행에서 빌린 돈을 갚기 어려워진 중소 조선사들이 하나둘씩 쓰러지기 시작했다. 이미 C&중공업, 대한조선, 진세조선, 녹봉조선, YS중공업, 세코중공업, TKS 등이 워크아웃이나 퇴출 대상에 올랐다.

건설업계 역시 미분양 아파트가 15만 가구에 이를 때까지 공급을 멈추지 않았다. 분양가를 낮춰 수요층을 넓히려는 노력도 하지 않았다. 충북 충주, 경북 구미 등 지방 중소도시에서도 평당 600만~700만 원대 아파트가 분양됐다. 공급이 수요를 넘어갔고 어느 순간부터 갑작

스레 미분양 아파트가 쌓이기 시작했다. 지금 지방에는 마이너스 프리
미엄이 수천만 원에 이르는 단지가 수두룩하다. H건설 관계자는 "고
급 아파트의 이익률이 높은데다 소비자 눈높이가 높아졌다는 생각에
너도나도 비싼 고급 아파트를 전국 곳곳에 지었다"며 "결국 지금의 미
분양 사태는 어느 정도 예견됐던 것"이라고 비판했다.

▌퇴화도 전략이다

경기는 순환한다. 호황기에 많이 팔릴 줄 알고 만들어놓은 제품이 불
황기에는 덜 팔려서 재고로 남고 기업의 목을 조른다. 어느 분야가 돈
이 된다, 어느 기업이 돈을 번다는 이야기가 들리면 더 많은 경쟁자가
나타나 이익을 나눠먹으려 한다. 이는 시장에 참가한 다수 기업들이
담합을 하지 않고 제각각 움직이기 때문에 일어나는 자연스러운 시장
경제의 움직임이긴 하다.

문제는 주변 환경이나 경기 사이클을 고려하지 않고 무작정 일을
벌리고 보는 이런 움직임들이 언젠가 기업의 발목을 잡는다는 데 있
다. 잠시만 눈을 옆으로 돌려 시장의 흐름을 살펴보면 알아차릴 수 있
는데도 '우리는 괜찮겠지' 하는 안일한 판단과 욕심이 기업을 파국으
로 몰고 간다.

이는 결국 기업이 전략적으로 '퇴화' 할 수 있느냐의 문제를 생각하
게 한다. 유정식 인퓨처컨설팅 대표는 "성장도 중요하지만 진화론적
관점에서 볼 때 가장 중요한 경영 키워드는 생존"이라며 "때로는 전략

적인 후퇴(퇴화)가 경쟁력을 키운다"고 말한다. 기생충은 생존과 생식
에 필요한 최소한의 기능만 유지한 채 나머지는 과감히 삭제하는 방향
으로 진화(혹은 퇴화)했다. 그들의 개체 수는 독립적인 생명체들의 4배
에 달한다. 스스로 유충의 개체 수를 줄여 생존을 도모하는 송장벌레
의 길을 따르지 않는다면, 남의 패를 미리 읽고 불확실한 미래에 대비
하려는 노력을 하지 않는다면 녹슨 조선소와 텅 빈 미분양 아파트의
행렬이 10년 후, 20년 후에도 재연될 게 분명하다.

OCI의 퇴화

국내에서 전략적 퇴화로 성공한 대표적인 기업은 OCI(옛 동양제철화학)이다. 포목 → 화학원료 → 카본블랙 → 폴리실리콘 등으로 옛것을 과감하게 버리면서 신사업 영역을 개척해온 것이다.

2000년대 중반까지 OCI는 자산주로 불렸다. 사업의 가치보다는 깔고 앉아 있는 공장부지 가치가 높게 평가돼 있다는 얘기다. 역사도 기업만큼이나 무거웠다. 마지막 개성상인으로 불리는 창업주 이회림 명예회장이 1937년 포목상인 건복상회를 세워 사업을 시작했고 1959년에 만든 동양화학이 현재 OCI그룹의 모태가 됐다.

이후 웬만한 화학제품에 안 들어가는 데가 없는 필수 원료인 소다회와 과산화수소, 폴리우레탄 원료인 TDI 등을 생산하며 차분한 성장을 거듭했다. 조용한 변화가 시작된 건 IMF 직후인 2000년이다. 거평그룹으로부터 제철화학과 제철유화를 인수했지만 이 변화에 주목한 사람은 별로 없었다.

세간의 이목을 끈 사건은 2006년 3월 세계 3위 카본블랙(타이어 재료) 기업인 미국 컬럼비안케미컬즈(CCC)를 인수하면서부터다. CCC를 통해 굿이어, 브릿지스톤, 미쉐린 등 세계적인 타이어회사들에 카본블랙을 공급하면서 글로벌업체로 주목받는다. 수십년 동안 꾸준히 생존해왔지만 진화하지 않을 것 같던 회사에 변이가 나타나기 시작한 것이다.

3개월 후 OCI는 태양전지 핵심 소재인 폴리실리콘 사업 진출을 선언한다. 많은 사람들은 뜬금없는 선택이라며 의아하게 생각했다. 하지만 때맞춰 유가가 오르기 시작했고 각국 정부는 석유 대안으로 태양광산업 육성에 나서기 시작했다. 환경의 선택을 받은 것이다. 사업 진출을 선언한 지 한 달만에 미국

선파워(Sun Power Corporation)와 전년 매출의 20%가 넘는 공급계약을 체결했다. 이후 선주문과 선급금이 폭주했다. 지금까지 10년간 장기 공급계약을 통한 누적 수주액이 100억 달러에 이른다.

폴리실리콘사업을 총괄하고 있는 신현우 부회장은 "불과 2년여 만에 3대 메이저기업들과 어깨를 나란히 할 정도로 성공한 것은 절묘한 '투자 타이밍'이었으며 이는 100년에 한번 올까말까한 기회였다"고 말했다. 그저그런 화학기업에서 태양광 대표기업으로 변신한 것이다. 진화는 여기서 끝나지 않았다. 폴리실리콘 사업에 집중하기 위해 OCI는 CCC를 버리기로 결정한 것이다. 필요없는 기관을 퇴화시키는 진화를 시도하듯 말이다.

열정과 도전의 프랙탈

허파 vs. 테니스코트

사람과 개미가 동일한 길을 걷는다면 걷는 거리도 똑같을까. 대답은 전혀 그렇지 않다는 것이다. 사람과 개미의 보폭은 비할 바가 아니다. 사람은 70cm 정도를 일직선으로 걸을 수 있지만 개미는 전혀 그럴 수 없다. 직선으로 걸을 수 없는 거리만큼 개미는 더 걸어야 한다. 그래서 똑같은 길이라고 해도 측정하는 단위나 잣대에 따라 거리는 천양지차로 늘어난다.

이 같은 사실을 바탕으로 프랙탈이론을 창안한 사람은 1975년 미국 IBM의 순수 연구부서에서 근무하던 베노이트 만델브로트(Benoit Mandelbrot)였다. 프랙탈(fractal)이라는 말은 '부서지다'라는 뜻의 라틴어 'frangere'를 어원으로 만들어진 용어다. 만델브로트는 굴곡이 심하기로 이름난 영국 해안선의 길이를 측정하면서 길이 자체가 절대적이지 않다는 것을 간파했다. 사람에겐 10m밖에 되지 않는 거리가 해안선의 모든 미세한 굴곡을 걸어야 하는 개미에겐 10km가 될 수도 있었던 것이다. 여기서 만델브로트는 또 한 가지 중요한 사실을 알아차렸다.

사람이 걸었던 해안선의 일부 형태를 떼어내 확대한 결과 개미가 걸었던 미세한 굴곡의 해안선과 놀랍도록 흡사하다는 것이었다. 다시 말해 해안선의 작은 굴곡은 큰 굴곡과 지속적으로 '자기 유사성'을 유지하며 뻗어간다는 사실이었다. 이 발견은 해안선을 포함해 지면의 균열, 화산의 폭발 모양 등 종전에 그 변화의 원리를 도저히 예측할 수 없었던 자연현상을 이해하는 데 많은 도움을 줬다.

프랙탈이란 이처럼 부분 구조가 전체 구조를 끊임없이 되풀이하는 현상을 의미한다. 예를 들어 해안선, 산맥, 눈송이, 나뭇잎, 허파, 구름 등의 모습처럼 확대를 할 때나 축소를 할 때나 늘 일정한 모습을 유지하고 있는 것을 설명하는 도구로도 활용된다.

우리 몸 안에 있는 허파의 큰 가지(꽈리)는 작은 가지로 끝도 없이 갈라져나간다. 모든 형태의 가지는 자신보다 크거나 작은 가지와 항상 닮아 있다. 송은영 과학칼럼니스트는 "허파가 이 같은 자기복제적인 구조를 갖게 된 이유는 적혈구로부터 최대한 많은 산소를 흡수하기 위해서"라고 설명했다. 산소를 가장 효율적으로 얻기 위해 표면적을 극대화하는 구조를 선택했다는 것이다. 그래서 우리 허파의 모든 꽈리들을 펼쳐놓으면 테니스 코트를 덮고도 남는다.

프랙탈이론은 과학의 영역에만 국한된 것이 아니다. 복잡하고 불규칙한 현상일지라도 내재된 질서가 있는 모든 현상에 적용되며, 이른바 '혼돈 속의 질서'를 발견할 수 있는 가능성도 제시하고 있다.

정진석 국민대 교수는 "인생이란 결국 선택이라는 프랙탈 구조의 연속이며 인간의 생각과 행동 역시 가치관에 의해 만들어지는 프랙탈 구조"라고 풀이했다. 이 같은 구조는 기업조직과 경제 현상에도 그대로 나타난다.

우리나라가 식민지를 경험한 개발도상국들 중 가장 빠른 속도로 발전하고 있는 이유도 '열정과 성장의 프랙탈 구조'를 지속하고 있기 때문이다. 도저히 계산이 나오지 않는 데도 경부고속도로와 포항제철 건설을 밀어붙였던 힘이 오늘날 전자, 반도체, 자동차, 조선 강국으로 이어져오고 있는 것이다.

세계적으로 심화되는 경쟁 여건 속에서도 유독 우리나라의 자동차산업이 5사 체제를 유지하고 있는 것이나 조선산업이 세계 1위를 다투는 '빅4'에 의해 분할되고 있는 것도 프랙탈의 확장으로 설명할 수밖에 없다. 그리하여 한국경제가 성장을 멈추는 때는 바로 프랙탈의 자기복제가 끝나는 순간이다.

테니스 코트의 넓이로까지 확장할 수 있었던 허파의 역동성과 자기혁신이 멈추는 순간 우리 생명이 다하는 것처럼 말이다. 이제 "우리나라가 한 단계 더 발전하려면 삼성이나 포스코 같은 기업이 10개는 더 있어야 한다"는 경제 전문가들의 애기를 더욱 진중하게 받아들여야 한다. 더 이상 '프랙탈화'를 진전시키지 못하는 경제는 아무런 희망이 없다는 절박한 경고로 바뀌어야 한다.

황소를 지붕에 올리는 방법

옛날에 사돈 간에 이웃에 붙어사는 사람들이 있었다. 그런데 한 사람은 지독하게 가난하고 다른 사람은 나날이 재산이 불어났다. 어느 날 가난한 사돈이 부자 사돈을 찾아와 "부자 되는 비결을 알려달라"고 졸랐다. 부자 사돈은 잠시 뜸을 들이다가 "집에 돌아가시는 대로 식구들에게 외양간 소를 지붕에 올려놓으라고 하십시오"라고 일러주었다. 뜬금없는 처방에 어리둥절했지만 그게 비결이라고 하니 가난한 사돈은 따를 수밖에 없었다. 하지만 아내와 자식들은 "망령났냐"면서 들은 척도 하지 않았다. 가난한 사돈은 다시 부자 사돈을 찾아가 "왜 그런 걸 시켜서 식구들에게 미친놈 취급을 받도록 하셨느냐"고 따졌다.

부자 사돈은 "그렇다면 내가 헛소리를 했는지 직접 한번 보여드리겠다"며 식구들을 불러 황소를 지붕 위에 올리라고 지시했다. 아내와 아들들이 잠시 의논을 하더니, 두 동생은 울 밖에 있는 짚가리를 헐어 마당에 쌓기 시작했고, 큰아들은 굵은 서까래 토막들을 가져다가 짚단 사이사이에 끼워 짚단이 무너지지 않게 했다. 1시간쯤 뒤 마당에는 지붕 추녀 높이만큼 비스듬한 경사길이 만들어졌다. 그 위에 멍석을 깔자 부인이 황소를 지붕으로 끌고 올라갔다. 가난한 사돈은 무릎을 치며 탄식했다. "바로 이거구나! 내가 왜 진작부터 이렇게 해오지 못했던가."

국내 최고 장수기업인 두산의 창업주, 박승직(1864~1950)이 생전에 자녀들에게 들려준 이야기 중의 하나다.

성공하는 사람들은 뭔가 다르다는 식의 얘기를 되풀이하려는 건 아니다. 광폭한 시장 질주에 맹목적으로 올라타라는 것도 아니다. 이 책을 관통하는 주제, 어딘가에는 길이 있고 그 길을 찾아내는 사람은 우리 자신일 수 있다는 것이다. 인생의 여정은 두 갈래로 단순화시킬 수 있다. 팍팍한 현실과 불확실한 미래에 대한 두려움을 갖는 것, 그리고 온 힘을 다해 그 두려움을 이겨내는 일이다. 많은 전문가들이 강조하는 '문제해결 능력'을 갖는 과정이기도 하다.

박승직의 집안은 경기도 광주에서 여흥 민씨의 땅을 빌려 근근이 생계를 꾸려오고 있었다. 부친을 도와 농사를 짓던 박승직은 아무리 발버둥쳐도 벗어날 길이 없는 결핍과 곤궁이 싫어 상인의 길을 꿈꾸기 시작했다. 자신이 사는 마을에서 20여 리 떨어진 장터를 오가면서 상거래 현장을 눈여겨보기도 했다. 그러던 중 17세 때인 1881년, 집안의 지주인 민영완이 해남 군수로 부임하는 길에 동행하면서 장사 아이템을 발굴하게 된다. 당시 해남은 강진과 더불어 갓의 내륙 집산지였을 뿐만 아니라 사상도고(私商都賈: 물건을 혼자 맡아 파는 장사치)들의 발길이 끊이지 않는 곳이었다. 박승직은 여기서 전국 상권의 흐름을 한눈에 파악하며 면포를 사고 팔면 돈을 벌겠다는 생각을 하게 된다. 그는 베오개 시장을 근거지로 석유와 피물(가죽)을 거래하며 상인으로서의 입지를 다져갔다.

전국을 무대로 면포상 외길을 걸으며 자본을 축적한 박승직은 33세에 '박승직 상점'을 열면서 본격적인 대상(大商)의 길을 걷게 된다. 당시 이 상점은 한국산 면포뿐만 아니라 수입 면포도 취급했으며 전국의 포목상을 대상으로 도매영업을 했다. 시간이 지나면서 취급 품목도 다양해져 곡물이나 솥, 도량형기 등도 팔았다. 이 상점의 상호가 1940년 두산상회로 바뀌어 오늘날 두산그룹의 모태가 됐다. 두산(斗山)이라는 이름은 박승직의 장남이자 2세 경영인인 두병(斗秉: 1910~1973)의 이름 첫 글자(斗)와 뫼 산(山)을 합친 것으로 "한 말 한 말 차근차근 쉬지 않고 산같이 커져라"라는 뜻을 담고 있다.

▌한국 자본주의의 밑천은 슬픔과 한

2007년 타계한 이회림은 OCI그룹 창업주다. '마지막 개성상인'으로 불리는 그는 경기도 개성의 만월동에서 태어났다. 젊은 시절 가게 점원으로 장사와 사업을 배워 이제 세계적 기업으로 성장한 OCI의 토대를 닦았다.

그의 부친 이영주는 원래 개성의 유명한 특산품인 인삼을 교역하던 물상객주로 중국을 드나들며 크게 사업을 일구었다. 하지만 1929년 미국 대공황 여파가 중국에까지 불어닥치면서 사업 기반이 단박에 무너지고, 설상가상으로 병을 얻어 56세의 나이에 세상을 떠나고 만다. 이때 이회림의 나이는 13세. 젊은 나이에 청상이 된 그의 어머니는 남겨진 5남매를 키우기 위해 낮에는 남의 집 청소나 밭일을 도와주고, 밤에는 솜틀에 매달리는 등 갖은 고생을 마다하지 않았다.

집안의 장남이었던 이회림은 1932년 송도보통학교를 졸업한 뒤 집안 살림을 돕기 위해 진학을 포기했다. 큰 상점에서 일을 배워야 대성할 수 있다는 어머니의 조언을 받아들여 당시 개성에서 제법 규모가 큰 '손창선 상점'에 취직을 했다. 당시 화장품류를 비롯해 1,000종이 넘는 잡화를 팔았던 이 상점에는 30세 가량의 수점원('점원 우두머리'

라는 뜻)을 비롯해 모두 4명의 점원들이 일하고 있었다. 타고난 강골에 부지런함까지 갖추었던 이회림은 1년도 채 지나지 않아 상점 주인의 신뢰를 얻게 됐다. 특히 남들이 하기 싫어하는 궂은일을 도맡아 하면서 나름대로 고객을 관리하는 노하우까지 익혀나갔다.

이회림이 '운명적으로' 자전거를 만난 것도 이 시기이다. 자전거는 기업인 이회림의 트레이드 마크이다. 손수레를 매달고 무거운 짐을 싣고 다니는 배달용 자전거였다. 이회림은 물품 주문을 받고, 또 배달을 하기 위해 하루 200리 길도 마다하지 않고 자전거에 몸을 실었다. 3박 4일짜리 황해도 출장도 자주 다녔다. 이런 과정을 통해 장사에 대한 기본기를 배우고 물건을 바라보는 안목도 키울 수 있었다. 이회림은 생전에 "젊은 시절 자전거로 단련한 체력 덕분에 평생 건강하게 살았다. 역시 초년 고생은 천금을 주고도 못사는 것"이라고 말하기도 했다. 자전거 출장을 나가지 않을 때는 상점에서 밤늦도록 장부 정리를 했다. 이른바 상점의 일급 참모 역할까지 하게 된 것이다. 일을 시작한 지 2~3년이 지나자 이회림은 상점에 없어서는 안 될 보배 같은 존재가 됐다.

상점이 주주들 간의 불화로 위기를 맞았을 때도 이회림은 몸을 사리지 않았다. 어느 해 가을, 거래처인 황해도 고신현시장에서 큰 장사를 하던 사람이 파산해 채권 확보를 해야 할 상황이 닥쳤다. 상점 주인은 뾰족한 수를 찾지 못해 전전긍긍했다. 그날은 마침 개성에서 70여 리나 떨어진 고량포에서 일을 마치고 돌아와 피로감이 상당할 때였다. 주인의 고민을 알아챈 이회림은 아무런 말없이 자전거에 올라탔다. 고신현까지는 180리 길. 밤새 자전거를 달려야 할 판이었다. 서늘한 가을바람도, 꽃 같은 새색시도 그의 페달을 돌려세우지 못했다. 새벽녘에야 목적지에 도착한 이회림은 채권자 집회에 참석해 채권 확보를 하는 데 성공했다. 상점 주인이 돌아온 이회림을 얼마나 반겼을지는 짐작이 가고도 남을 것이다.

박승직이나 이회림은 구인회, 이병철, 정주영 등과 함께 한국 근대 기업의 맹아를 일군 인물들이다. 근대화와 문호개방의 기회를 놓쳐버린 국가를 대신해 스스로 근대적 역량을 개척하고 자신의 운명을 주도적으로 개척했다. 일제가 사농공상(士農工商)의 유교적 신분질서를 해체한 상황에서 구질서의 변방에 머물던 기업가들의 등장은 서구의 프로테스탄트 혁명만큼이나 극적이었다.

오늘날 글로벌 무대를 질주하고 있는 기업들의 토대를 닦은 기업인들의 대부분이 구한말 세대라는 점은 결코 우연이 아니다. 나라 잃은 설움과 미래에 대한 불안이 극에 달하고 변변한 도움의 손길조차 없던 시절, 부국강병 없이는 내 가족과 이웃의 안전과 행복을 지킬 수 없다는 사실을 절감한 사람들이었다. 망국의 슬픔과 한(恨)이야말로 도저히 자본주의가 이식되지 않을 것 같았던 척박한 환경에 세계적인 기업들을 피어나게 한 토양이었던 셈이다.

▎한국 어디로 갈 것인가

한국의 오늘은 '1987년의 민주화'와 '1997년의 IMF'라는 두 번의 10년을 연결해 도달한 곳이다. 물론 세계에서 가장 빠른 속도로 산업화를 완성한 토대 위에서다. '1987년 체제'는 '6.10 항쟁'으로 대변되는 민주화운동이 하나의 변곡에 닿은 시기였다. 대립과 갈등의 노사관계로 인해 주요 사업장들이 엄청난 시련을 겪기도 했지만 말이다.

'1997년 체제'는 전대미문의 외환위기로 경제 전반에 강요된 구조조정의 시기였다. 영미식 자본주의 시스템이 속속 도입되고 그 와중에 수많은 은행과 기업들이 문을 닫았다. 물론 정치적으로는 여당에서 야당으로, 또 다시 여당으로 수평적 정권 교체가 일어남으로써 민주화에 대한 대내외의 신뢰를 얻는 소득이 있었다. 시민단체가 국정에 참여하는 다원적 국가 지배구조도 경험해봤다.

하지만 돌이켜보면 모든 것을 삼켜버릴 것 같았던 IMF도 그리 길지 않았다. 많은 기업들이 파도에 쓸려간 것은 안타깝지만 자동차, 전자, 반도체, 철강, 기계, 조선, 석유화학 등 7대 제조업은 여전히 건재하다. 젊은이들이 이공계를 기피한다고 아우성이지만 한 해에 공대 졸업자를 5만 명 이상 배출하는 나라는 전세계에 미국과 한국뿐이다. 또 늘 교육정책이 문제라고 하지만 우리 사회에는 글로벌 지향의 진취적 젊은이들이 넘쳐난다.

어린 골프선수들은 최경주, 박세리가 닦아 놓은 '실크로드'를 따라 해외 그린을 점령했고, 우리 연예인들은 아시아에서 가장 역량 있는 엔터테이너의 길을 걷고 있다. 물론 그 반대의 얘기들도 얼마든지 끄집어낼 수 있다. 비판 저널리즘에 입각해 한국사회의 문제점들을 끝없이 조목조목 열거할 수도 있다. 하지만 '미래의 한국'은 긍정과 낙관의 토대 위에서 설계되어야 한다. 무엇보다도 우리가 가진 자산들의 가치를 함부로 폄하하지 않았으면 한다. 조금 모자라고 미덥지 않더라도 긍정의 힘을 믿고 싶다.

우리는 2002년 월드컵에서 고작 500여 명으로 출발했던 '붉은 악마'가 700만 명까지 늘어나는 것을 목격한 바 있다. 열정의 무수한 복제와 확산이 '자기 유사성과 순환성'을 특징으로 하는 프랙탈 현상과 결합해 '기적'을 낳은 것이다. 따지고보면 모든 개발도상국들이 부러워하는 우리의 경제구조에도 프랙탈의 이런 특성이 그대로 드러나 있다.

김종석 홍익대 교수는 "젊은 골프선수들이 박세리를 '롤 모델'로 삼고 있는 것처럼 우리나라의 많은 기업들도 정주영, 이병철, 김우중을 모델로 삼아 뛰고 있다"고 설명한다. 선도적 기업가정신이 자기복제의 확산 효과를 통해 엄청난 에너지를 내고 있다는 얘기다. 사실 반도체 후발주자인 옛 현대그룹이 삼성전자를 따라잡겠다는 욕심을 내지 않았더라면 오늘날 하이닉스반도체는 존재하지 않았을 게다.

그리하여 미래를 준비하는 첫 번째 아젠다는 '열정의 프랙탈'이다. 새로운 것이 아니라 우리가 그동안 잘해오던 것이다. 미래는 늘상 불투명하고 심연에 가라앉아 있는 것이지만 단지 그 이유로 우리의 생각과 행동을 미룰 수는 없다. 모방을 하라는 게 아니다. 열정을 나누고 서로 확인하며 함께 손을 잡자는 거다.

1965년 우리나라 매출액 상위 20대 기업의 상당수는 이미 사라졌으며 랭킹 1위 기업이었던 동명목재는 1980년 도산했다. 당시 매출액은 24억 3,000만 원. 지금 1위 기업인 삼성전자는 130조 원이 넘는 매출을 국내외에서 거둬들이고 있다. 42년 전 동명목재의 5만 배가 넘는 규모다. 1969년 삼성전자를 차렸던 이병철은 이런 기적을 미리 알았을까?

가슴 떨리는 도전
Net Breaking

지은이 | 조일훈
펴낸이 | 김경태
펴낸곳 | 한국경제신문 한경BP
등록 | 제2-315(1967. 5. 15)

제1판 1쇄 발행 | 2010년 1월 27일
제1판 2쇄 발행 | 2010년 3월 15일

주소 | 서울특별시 중구 중림동 441
홈페이지 | http://www.hankyungbp.com
전자우편 | bp@hankyungbp.com
기획출판팀 | 3604-553~6
영업마케팅팀 | 3604-595, 555   FAX | 3604-599

ISBN 978-89-475-2742-2   03320
값 13,000원

파본이나 잘못된 책은 구입처에서 바꿔 드립니다.